I0112270

ÉDOUARD PAILLERON

DE L'ACADÉMIE FRANÇAISE

AMOURS

ET

HAINES

PARIS

CALMANN LÉVY, ÉDITEUR

1889

AMOURS

ET

HAINES

8°Ye
91M

CALMANN LÉVY, EDITEUR

DU MÊME AUTEUR :

L'AGE INGRAT, comédie en trois actes.
L'AUTRE MOTIF, comédie en un acte.
LE CHEVALIER TRUMEAU, comédie en un acte, en vers.
LE DÉPART, poésie dite sur la scène du Théâtre-Français.
LE DERNIER QUARTIER, comédie en deux actes en vers.
L'ÉTINCELLE, comédie en un acte.
LES FAUX MÉNAGES, comédie en quatre actes, en vers.
HÉLÈNE, tragédie bourgeoise en trois actes, en vers.
LE MONDE OU L'ON S'AMUSE, comédie en un acte.
LE MONDE OU L'ON S'ENNUIE, comédie en trois actes.
LE MUR MITOYEN, comédie en deux actes, en vers.
LE PARASITE, comédie en un acte, en vers.
PENDANT LE BAL, comédie en un acte, en vers.
PETITE PLUIE..., comédie en un acte.
LA POUPÉE, poésie.
PRIÈRE POUR LA FRANCE, poème dit sur la scène du
    Théâtre-Français.
LE SECOND MOUVEMENT, comédie en trois actes en vers.
LA SOURIS, comédie en trois actes.
DISCOURS ACADÉMIQUES, un volume.
LES PARASITES, un volume.
LE THÉATRE CHEZ MADAME, un volume.

IMPRIMERIE CHAIX, RUE BERGÈRE, 20, PARIS. — 3752-2-8.

AMOURS

ET

HAINES

PAR

ÉDOUARD PAILLERON

DE L'ACADÉMIE FRANÇAISE

PARIS

CALMANN LÉVY, ÉDITEUR

1889

Droits de reproduction et de traduction réservés.

HISTOIRES TRISTES

1

L'ACCUSÉ

A Émile Augier.

L'affaire était petite et de mince intérêt;
Cette affaire, entre nous, ne valait pas l'arrêt :
Pour je ne sais plus bien au juste quelle cause
Un homme avait volé je ne sais quelle chose.

L'homme était misérable et la chose de peu.

De vols, il s'en voit trop pour qu'on y prenne feu,
C'est de mieux que cela que le monde est avide;

La salle d'audience était à peu près vide.
Pourtant, autour du poêle, et même assez nombreux,
Se pressait un troupeau d'abonnés malingreux
Ne prêtant à cela qu'une oreille abrutie ;
Un groupe d'avocats, auprès de la sortie,
Causait, la trousse au bras, gais dans leurs rabats blancs.
Çà et là, quelques vieux ronflaient entre les bancs,
Et puis la barre, et puis tout au fond du prétoire,
Le tribunal complet siégeant en robe noire ;
Mais tout ce monde ailleurs : le président distrait,
Moins pressant que pressé ; la cause, sans attrait,
Offrait visiblement au greffier peu de charme ;
Le substitut faisait ses ongles, le gendarme
Regardait vaguement quelque chose au plafond ;
Un juge sommeillait, gardant un air profond ;
On entrait, on sortait sans fin ; la porte lourde
Tombait et retombait avec sa plainte sourde,
Et ce bruit se rythmait dans ce bourdonnement,
L'huissier même criait : « Silence ! » mollement.
On voyait qu'après tout, sans cette piètre affaire,
Tous ces gens auraient eu bien autre chose à faire,
Que c'était par pudeur qu'enfin l'on procédait,
Et qu'il se faisait tard et qu'un autre attendait.

Les murs étaient crasseux, une vapeur malsaine
Flottait. — Un jour obscur éclairait cette scène.

Un Christ au-dessus d'eux regardait tout cela.

En face, tout debout; l'homme se tenait là,
Son mouchoir à la main pour cacher sa figure.

C'était un pauvre diable à la tête un peu dure,
Il avait l'air stupide et sombre, il parlait bas,
On le comprenait mal, on ne l'entendait pas,
Sur ses lèvres en feu les mots paraissaient fondre.
Le juge était forcé de l'aider à répondre;
Il semblait absorbé dans l'horreur du moment;
Il était sous le coup de cet écrasement
De démentir des gens ayant fait leurs études;
Ahuri, méfiant, avec les attitudes
D'un fauve, évidemment cet homme-là sentait
La grandeur de son crime et le peu qu'il était.
La salle, les fauteuils, les robes, la dorure,

Toutes ces majestés lui donnaient la torture,
Et, si l'on eût voulu, je crois qu'encore un peu,
N'eût-il pas fait le crime, il en eût fait l'aveu.

Après tout, s'il errait, tant pis! c'était sa faute!
Le juge, grave et sec, tranchant, la tête haute,
Sans hésitations, sans doutes, convaincu,
Du pouce et de l'index étreignait ce vaincu :
« Oui? Non? Très bien! Assez! » Son allure était prompte.
Il ne le jugeait pas, il lui réglait son compte.
Était-il le coupable ou ne l'était-il pas?
Voilà! tergiverser, ce n'était pas le cas.
Vous imaginez-vous un interrogatoire
Où l'on serait admis à conter son histoire?...
Mais d'ailleurs si c'était un de ces ronge-faim
Qui vivent d'un *hélas*, et meurent d'un *enfin*;
S'il n'avait jamais eu, dans son sort peu prospère,
Pour mère que la honte et le vice pour père,
Si dans ce qu'il avait, sans doute, fait de mal
L'homme avait moins de part encor que l'animal,
S'il connaissait, des lois, même leur existence,
S'il pourrait seulement épeler sa sentence;

Si son tort n'était pas, au fond, d'avoir senti
En quarante ans de jeûne une heure d'appétit,
Et s'il ne fallait pas que l'étalon fût autre
Pour mesurer au vrai cette vie et la nôtre ;
S'il n'avait pas, ce hère, une espèce d'honneur,
Et quelque part, dans l'ombre, une ombre de bonheur,
Ici même, peut-être, une femme brisée,
Ou des petits enfants en bas, sous la croisée...
C'étaient là des détails en tout cas superflus,
S'il fallait tout savoir, on n'en finirait plus ;
Tous ces grands mots pompeux et bons en théorie
Sont nuls dans la pratique et valent qu'on en rie ;
Ces hypothèses-là doivent être en dehors !
Il allait avouer, cet homme... Eh bien, alors ?
Le reste n'était bon qu'à mettre dans une ode ;
Le dossier à sa gauche, à sa droite le code,
L'accusé devant lui, le juge instrumentait,
Et le bruit augmentait et la porte battait,
Et dans la profondeur de cette indifférence
Le patient glissait ; son infime souffrance
Ne pouvait même pas compter pour un régal ;
Tout, jusqu'aux murs, disait : « Cela m'est bien égal. »
Il soufflait, il geignait, il était tout en nage ;

Cet interrogatoire était un engrenage ;
Toutes ces questions étaient comme des dents,
Il se voyait déjà les deux poings là dedans,
Mais ne résistait pas, n'en ayant pas l'audace :
Il sentait peu à peu cette chose vorace
L'attirer, l'aspirer, le pousser, le presser,
Et songeait, haletant, que tout allait passer...

Enfin le magistrat s'arrêta, fit un geste,
Regarda ses voisins et d'une façon leste
Prononça quelques mots dans le bruit ; c'était fait !
Condamné ! Mais cela n'en fit pas plus d'effet ;
Personne pour si peu ne détourna la tête ;
L'homme seul recula, fléchit comme une bête
Qu'on assomme, et sortit hagard, muet, perclus.

Il eut de la prison, je crois... je ne sais plus.

LA MORTE

A Théophile Gautier.

Le chemin bordait ce taudis,
Un souffle avait poussé la porte ;
En passant, on voyait la morte
Sur son grabat, les pieds raidis.

Avec sa croix, sa branche verte,
Son eau bénite et son linceul,
Le pauvre corps était là, seul,
Les yeux fermés, la bouche ouverte.

Ah ! comme il faisait beau dehors !
Au fond de la chaumière sombre,
Une chandelle auprès du corps
Tristement palpitait dans l'ombre.

A terre, un petit chat jouait
Avec le fuseau du rouet,
Accroupi dans la bière vide.
La vieille morte était livide

Et le réduit silencieux ;
C'était au printemps, une mouche .
Bourdonnait autour de ses yeux
Et du trou béant de sa bouche.

Il venait des cieux irisés,
On entendait dans les ramures,
Ces sons qui semblent des murmures,
Ces bruits qui semblent des baisers.

L'onde et la rive avaient entre elles
Et l'ombre avait avec le jour
De ces ravissantes querelles,
Petits secrets du grand Amour.

Les verts atomes de la sève
Fermentaient dans le jour vermeil...
La morte dormait son sommeil,
Ce sommeil qui n'a pas de rêve.

Dans l'abîme de son repos,
Elle paraissait consternée
D'entendre dans la cheminée
Gazouiller les petits oiseaux.

O vie implacable et sacrée
Qui ne connaît ni paix ni deuil !
Égoïsme de ce qui crée !
La vie envahissait ce seuil.

Un rayon furtif couleur d'ambre
Rayait le sol mystérieux,
Et le liseron curieux
Se glissait du toit dans la chambre,

Parfums, ardeurs, frémissement !
La nature folle et navrante
S'étalait là cyniquement
Dans son ivresse indifférente.

De partout, de près et de loin,
La joie, en vagues étouffées,
Venait caresser par bouffées
Ce vieux cadavre dans ce coin,

Et déjà, visible et féconde,
Coulait sur ce reste pâli
L'action rapide, — cette onde
Dont chaque flot s'appelle oubli.

CELLES-LA

I

Le sais-tu seulement ce qu'elle est devenue
Celle qui vint s'offrir à tes premiers baisers,
Celle qui vit rougir en ton âme ingénue
L'aube de ces désirs aujourd'hui méprisés ?
          Inconnue,
Elle est allée où vont tous ces amours brisés.

Un hasard les amène, un hasard les emporte,
Et le caprice en fait et défait le lien ;
Ce qu'elle est devenue, hélas ! tu n'en sais rien ,
Peut-être qu'elle vit, peut-être qu'elle est morte,
                    Que t'importe ?
Et pourtant, souviens-toi, cette enfant t'aimait bien.

Ah ! baisers à l'évent ! cœur qui flambe ! œil qui brille
Grelot dans un lilas ! beau rire de cristal !
Trésors des premiers ans, comme l'on vous gaspille !
Mais, si le rêve est doux, le réveil est brutal...
                    Pauvre fille
Qui songe à toi peut-être en son lit d'hôpital !

Celle que tu nommais jadis ta bien-aimée,
Car, ne fût-ce qu'un jour, tu l'as ainsi nommée,
N'a peut-être pas même une si douce fin...
Y songes-tu parfois qu'elle peut avoir faim ?
                    Affamée !
Elle qui t'a donné le pain de l'âme enfin !

Est-ce qu'en y pensant rien ne brûle ta joue ?
Et peut-être est-ce encor pire que tout cela !
(Qui sait à quel poteau la misère les cloue ?)
Peut-être est-elle où sont les autres que voilà :
                    Dans la boue...
Un lambeau de toi-même est pourtant resté là !

Lâcheté de la vie ! oubli ! dédain suprême !
Ainsi donc c'est ainsi qu'elles doivent finir,
Celles que l'on désire et l'on flatte et l'on aime ?
Dans la nuit sans écho du plus sombre avenir,
                    Et sans même
La maigre charité d'un rare souvenir !

II

Un soir, un soir d'hiver, je marchais par la ville,
A l'heure où, délivré de son travail servile,
Chacun cherche au hasard ou demande au désir
De quel nouveau travail il fera son plaisir ;
Où le vice pavoise, où la cité s'allume,
Où cette autre Vénus, née aussi de l'écume,
Rôde, offrant à voix basse au passant qui la fuit
Ces marchés dont la honte a besoin de la nuit.

Il avait plu, la rue était pleine de boue.

Une femme parée et le fard à la joue,
Sur le trottoir fangeux, de l'un à l'autre égout,
Allait et revenait, soulevant le dégoût,
Comme un sillage au sein de la vivante houle ;
On se poussait du coude, on riait dans la foule.
Quelques-uns l'insultaient, d'autres hâtaient le pas,
Les plus cléments passaient et ne la voyaient pas.

Et le fard et l'injure et la boue et la soie,
Cette misère vraie et cette fausse joie,
Et le luxe avili de cet être insulté,
Et tant de vice en proie à tant de lâcheté,
C'était triste.

Et, songeant à cette infortunée,
Je me disais : « C'est donc pour cela qu'elle est née !
Oh ! penser qu'autrefois elle fut un enfant
Comme d'autres, de ceux qu'on chérit, qu'on défend,
Un de ces êtres purs où tant d'espoir se fonde,
De l'innocence rose et de la pudeur blonde,
Et que c'est devenu la chose que voici !
Est-il un crime au monde égal à celui-ci ?
Qui donc a fait cela ? Ce n'est pas toi, nature ;
Tu ne te connais plus dans cette créature,
Ce rebut du mépris qui ne dit jamais non,
Et qui n'a plus de sexe et qui n'a plus de nom,
Et par l'opprobre seul tient encore à ce monde,
Dans ce chiffre inconnu d'une série immonde !...
Qui donc a fait ce spectre en disant : « Il en faut ?
C'est toi, société pudique et sans défaut ;
Ce fantôme est ton œuvre, ô grande indifférente,
C'est toi qui lui dis : « Marche ! » à cette honte errante,

2

C'est toi qui passes là, jeune homme, c'est nous tous,
Nous tous qui nous traînions hier à ses genoux
Alors qu'elle était jeune et qu'elle était rebelle,
C'est nous, c'est toi, vieillard, toi, qui, la voyant belle
Et qui la sachant pauvre avec cette beauté,
A fait de sa pudeur rougir sa pauvreté.

Et dire que peut-être au fond de ce cadavre
Une femme est vivante et que tout cela navre,
Et qu'il lui vient au cœur le dégoût qui m'y vient,
Et qu'elle désespère et qu'elle se souvient !

Oh ! l'âme que ce corps doit avoir pour compagne,
Ce lis dans ce fumier, cet ange dans ce bagne !...

Quel est donc le passé qu'elle paye à ce prix ?
Et si pour nos mépris elle avait du mépris ?
Qui sait ce qui se passe au fond de sa pensée,
Et les dédains muets de cette ombre offensée ?
Que doit-elle penser des hommes après tout ?

Dans ce cœur saccagé que reste-t-il debout ?
Quel dernier souvenir ou quel espoir suprême ?
Et qu'attend-elle encore ? O Dieu ! peut-être elle aime !

Peut-être aussi — cela serait presque un bonheur —
Lui reste-t-il encor cette sorte d'honneur
De sortir de l'abîme où son passé la jette,
Cet être qui se vend peut-être se rachète ;
La moitié d'elle-même en vend l'autre moitié ?... »

Et mon cœur se remplit d'une immense pitié,
Et, la voyant passer près de moi dans sa course,
Je lui tendis la main et lui donnai ma bourse.
Elle s'arrêta court et ne comprenant pas,
Et comme je disais : « Prenez, prenez, » tout bas,
La pudeur empourpra sa figure encor belle,
Par un étrange effet de l'honneur dépravé,
Et, jetant fièrement l'argent sur le pavé :
« Je ne demande pas l'aumône ! » me dit-elle.

LA HÊTRÉE

A Octave Feuillet.

Dans le bois, j'étais ce matin,
Couché sur un lit de pervenches;
Avril, aux yeux bleus fleur de lin,
Regardait à travers les branches;
Un oiseau chantait dans un houx,
Ivre des senteurs de la sève;
Son chant était si doux, si doux,
Qu'on eût dit une âme qui rêve.

Le silence écoutait vibrer
L'écho qui chantait en cadence,
Et moi, j'écoutais le silence,
Et je me suis mis à pleurer.

Et moi, j'écoutais le silence,
En songeant que j'étais bien là,
Qu'ombre calme et calme indolence,
Le bonheur est fait de cela ;
Que notre désir est presbyte,
Et qu'il voit le bonheur trop loin,
Qu'il suffit bien pour mourir vite
D'un peu de soleil dans un coin,
Que nous vivons dans le délire ;
Et je rêvais à nos combats,
A nous qui luttons ici-bas, —
Et je me suis mis à sourire.

A nous qui luttons ici-bas,
A nous les vainqueurs de la vie,
A ses vaincus, aux morts, hélas!

A celle que Dieu m'a ravie ;
A l'heure noire où, m'étouffant
Devant le cercueil, sous la porte,
Je pensais que la chère morte
Ne me dirait plus : « Mon enfant !... »
Et je sentais un deuil extrême
Dans mon pauvre cœur las d'errer,
Mourant de vivre de lui-même,...
Et je me suis mis à pleurer.

Mourant de vivre de lui-même !...
J'évoquais, pour le ranimer,
Et mes amis qui croient m'aimer,
Et moi qui crois que je les aime,
Et celle aussi qui, sur ce point,
En sait plus long que moi, j'espère,
Et l'une qui ne m'aimait guère,
Et l'autre que je n'aimais point
(Ni meilleure pourtant, ni pire),
Et puis, et puis,... à pas traînants,
Je remontais le cours des ans,
Et je me suis mis à sourire.

Je remontais le cours des ans,
Source d'argent, fleuve de cendre,
Au rebours des autres courants,
Doux à monter, dur à descendre,
Et le cours des âges aussi
(Car le rêve est une aile immense),
Et j'allais d'eux à celui-ci,
De leur folie à sa démence,
Pensant : « Vivre, c'est espérer,
Mais *j'espère*, qui peut le dire ? »
Et je me suis mis à sourire,
Et je me suis mis à pleurer.

CHANSON

C'était en avril, un dimanche,
   Oui, le dimanche !
   J'étais heureux...
Vous aviez une robe blanche
Et deux gentils brins de pervenche,
   Oui, de pervenche,
   Dans les cheveux.

Nous étions assis sur la mousse,
   Oui, sur la mousse,

Et sans parler,
Nous regardions l'herbe qui pousse,
La feuille verte et l'ombre douce,
    Oui, l'ombre douce,
    Et l'eau couler.

Un oiseau chantait sur la branche,
    Oui, sur la branche,
    Puis il s'est tu,
J'ai pris dans ma main ta main blanche...
C'était en avril, un dimanche,
    Oui, le dimanche...
    T'en souviens-tu ?

IVRESSE

A Louis Leroy.

C'est quand Avril, le mois rêvé,
C'est quand Avril est arrivé
    Qu'il fait bon vivre,
Les cœurs sont émus et tremblants,
Il neige des papillons blancs,
    Le monde est ivre !

Le grillon crie un cri d'acier.
Il faut, si l'on n'est pas huissier,

Que l'on se pâme...
Bonjour, monsieur, embrassez-moi !
Je me sens là je ne sais quoi,
    Et vous, madame ?

Que l'air est doux et le ciel bleu !
Décidément je crois en Dieu
    Pour le quart d'heure,
Mais j'aime mieux ma mie, ô gué...,
Savez-vous, quand on est très gai,
    Pourquoi l'on pleure ?

Baisers ! chansons ! parfums ! couleurs !
Amours d'oiseaux ! amours de fleurs !
    Flamme infinie !
C'est en avril, un beau matin,
Que Fourier trouva, c'est certain,
    Son harmonie !

Debout, voisin, mon cher ami,
Éveillez-vous, bel endormi,

Et qu'on se presse !
Allons sous le ciel, n'importe où,
Allons courir le guilledou
      Chez ma maîtresse.

Corsage plein et lourd chignon,
Rire sonore et bourguignon,
      Haleine pure,
La joue en fleur, la lèvre en feux,
Elle est à toi si tu la veux...
      C'est la nature !

Oui, mais prends garde seulement.
Car ma belle aime rudement,
      Elle est farouche,
Et j'en sais plus d'un en péril
Rien que pour avoir, cet avril,
      Baisé sa bouche.

Bah ! l'amour est fait pour les forts,
Nous vivons, si d'autres sont morts,

A nous la fête !
Et tant pis pour les mal portants
A qui le vin pur du printemps
Casse la tête !

LE RHONE

A Amédée Achard.

Taillez en blocs forêts et monts,
Forgez des freins, scellez des ponts,
   Comme un mors dans sa bouche,
Donnez-lui le roc à mâcher,
Mais empêchez-le de marcher,
   Le Rhône âpre et farouche,

Qui descend les libres sommets
Et va, sans se tarir jamais,

3

Aux flots intarissables
Mêler ses flots par trois sillons,
Autant que l'ongle des lions
En creuse dans les sables !

Le Rhône est fier. — Comme le Rhin,
Il a ses vieux donjons d'airain ;
Comme un fleuve de neige,
Ses sapins verts au dur profil,
Et ses palmiers comme le Nil,
Et puis encor... que sais-je ?

Camargue fauve, taureaux noirs
Regardant vaguement, les soirs,
Couler l'onde sonore,...
Hérons pensifs, flamants rosés,
Dont le vol aux cieux embrasés
Est semblable à l'aurore.

Le Rhône est fort. — Comme la mer,
Il traîne des galets de fer

Avec un bruit de chaînes ;
Il a pour rives du granit
Si haut que l'aigle y fait son nid,
Et pour roseaux des chênes !

Ah ! le vieux mâle ! sur son dos
Qu'on charge les plus lourds fardeaux,
Plomb ou pierre, qu'importe ?
Et qu'importe voile ou vapeur ?
Un vaisseau ne lui fait pas peur,
Il dit : « Viens ! » et l'emporte.

Tombe des pics, franchis le val !
Au grand galop comme un cheval
Rase la plaine immense,
Fends les lacs et fends les coteaux
De l'acier tranchant de tes eaux,
Mon grand fleuve en démence !

Mon grand fleuve rude aux flancs gris,
Que, dans l'écume avec des cris,

Le mistral éperonne !
Passe magnifique, ô mon roi !
Nulle majesté mieux que toi
Ne porte sa couronne.

Passe et mire en ton cours fécond
Fillette brune et raisin blond,
Ceps riants, belles femmes,
Heureux le peuple de tes bords :
Il a le vin, âme des corps,
Et l'amour, vin des âmes.

O fils des monts immaculés !
Tu roules toujours plus troublés
Tes flots de lieue en lieue ...
Le fleuve et l'âme sont ainsi,
L'âme qui se perd, elle aussi,
Dans l'immensité bleue !

A UNE FEMME

Oui, vous êtes charmante, Alice, et je vous aime,
Vous, votre bouche rose et vos yeux étoilés,
Et cela tout autant que vous m'aimez vous-même,
Tout autant ! mais pas plus... pas plus — si vous voulez.

Mon Dieu ! je vous comprends ; vous voudriez, madame,
— Si vous êtes bien sage et si je le permets, —
Avoir ce beau joujou que j'appelle mon âme...
Ne pleurez pas, enfant, vous ne l'aurez jamais.

Jamais vous ne l'aurez, l'âme altière et farouche!
Sur vos deux petits pieds dressez-vous comme il faut;
Vos blanches mains peut-être iront jusqu'à ma bouche
Mais non jusqu'à mon cœur, ma chère, — il est trop haut!

Lui-même il s'est rivé sur un roc, dans l'espace,
Là-haut, plus haut encor, dans le haut firmament
Triste et fier, il attend l'ange qui, lorsqu'il passe,
Brise d'un glaive d'or les clous de diamant!

DANS LA FOULE

Dire que j'ai passé peut-être à côté d'elle,
Que peut-être cent fois se sont croisés nos pas,
Qu'elle est peut-être ici quand je la crois là-bas,
Et m'appelle peut-être ainsi que je l'appelle !

Dire que c'est pour moi que Dieu l'a faite belle,
Que nous nous aimerions d'une amour immortelle,
Qu'il ne faut pour cela que le hasard, hélas !
Et que, lorsque Dieu veut, le hasard ne veut pas !

Et dire que c'est vous, vous, peut-être, madame,
Qui passez là, dont l'âme est la sœur de mon âme,
Vous qu'à moi, dans la foule, un instant réunit,

Vous qui vous approchez, qui me regardez même,
Que peut-être c'est vous qui m'aimez et que j'aime..
Et que vous voilà loin et que tout est fini !

TRISTESSE

Le temps de ma jeunesse a passé. — De mes ans
La source chaque jour plus lentement s'épanche,
Et, toujours plus épaisse en ses flots plus pesans,
Croît l'herbe qui s'enroule au roseau qui se penche ;

De grands ronds paresseux, sous le rayon blafard
D'un soleil moins ardent au fond d'un ciel plus pâle,
Étirent mollement leurs volutes d'opale
Sur cette onde assoupie où dort le nénufar.

Bientôt... demain, cette eau qui faiblement murmure
N'aura plus une plainte et n'aura plus un pli,
Et sur le flot stagnant, comme une moisissure,
S'étendront tristement le silence et l'oubli.

LES DROLES

LES DROLES

A Pierre Véron.

Ils sont puissants, on croit en eux, ils font la rouc,
La lâcheté les paye et l'intérêt les loue,
Ils ont des courtisans, plus d'un même zélé ;
Ils ont la plume, ils ont l'épée, ils ont la robe,
Tout ce qui se surprend, tout ce qui se dérobe,
Ils l'ont ; — hors nos mépris, ils nous ont tout volé.

Ils font — changeant de sort, ils ont changé de rôles —
La leçon, ces pieds plats, la morale, ces drôles ;

Et cela réjouit bien fort, en vérité,
L'escroc qui les connaît, la fille qui les aime
De cet étrange amour qu'on porte à ceux-là même
Qu'on chérit d'autant plus qu'ils vous ont plus coûté.

Car on s'est entr'aidé, sortant des mêmes bouges ;
Ces messieurs éculaient jadis leurs talons rouges
Au tripot, ces Fronsac jurant la sarpejeu,
Avant leur opulence ont sali leur misère ;
En ce temps-là, c'était à l'heure nécessaire
Et non pour son plaisir qu'on s'asseyait au jeu.

Aussi l'ami — l'ancien — les suit d'un œil d'envie,
Leur ami resté gueux et tapi dans la vie
— Comme ils étaient hier, comme ils seront demain,—
Admire en connaisseur leurs tours de passe-passe,
Et, quand devant son ombre un de ces heureux passe,
Dit : « Ce diable d'un tel, il a fait son chemin !... »

Mais eux ! comme ils sont loin de leur piètre origine !
On les étonnerait d'en parler, j'imagine.

Dame! on a souper, gîte, et le reste, et payé!
Cela prend, donc ils vont, puisqu'avec eux l'on compte,
Ils vont, puisque l'audace est l'envers de la honte:
Nous avons tout appris, ils ont tout oublié.

Ils vont. Ils pensent : « Bon, l'Opprobre est une force,
» La Vertu n'en est pas à sa première entorse,
» Nous avons de cela des témoins éclatants ;
» L'Intrigue a la main souple, agissante, agressive,
» Mais la Probité lourde est d'essence passive,
» Réussissons d'abord et laissons faire au temps.

» Oh! mais nous savons, nous, comment cela se mène,
» Nous seuls avons jaugé la turpitude humaine :
» La conscience est comme un cloaque profond,
» Vingt siècles ont fouillé dans cette vilenie,
» Et les bras de la jeune et vieille tyrannie
» N'en ont pas à cette heure encor touché le fond.

» Notre moyen est sûr, notre formule est nette :
» Toute conviction vaut une pichenette.

» Il ne faut pour faillir qu'un prétexte au Devoir.
» D'autre part, se tenir, n'offrant pas de surface,
» Tout prêt aux démentis, tout prêt aux volte-face,
» Voilà ! » C'est simple et vil ainsi qu'on peut le voir.

Et pas un pour oser le crier ni l'écrire !
Et l'on dit : « Laissez donc, il vaut bien mieux en rire.
» Entre nous, croyez-moi, posez là le bâton.
» Les attaquer ! oh ! oh ! mon cher, prenez-y garde,
» Je vous demande un peu si cela vous regarde,
» Et puis ces grands éclats sont du plus mauvais ton.

» Mon Dieu ! vous savez bien qu'ils ne sont pas des nôtres ;
» Mais bah ! feu Juvénal ferait comme les autres ;
» Et d'ailleurs il en faut, ils sont gentils garçons,
» Ma parole d'honneur, ils rendent des services,
» Enfin vos vertus sont plus tristes que leurs vices,
» Bref, vos façons d'hier ne sont plus nos façons. »

Comment ! mais on les tient pour forts, on les vénère,
On a, pour eux, châtré le vieux Dictionnaire,

On ne dit plus ni chat, ni fripon, ni Rollet ;
Et la foule applaudit en sa ferveur grossière,
Voyant que cette boue a fait cette poussière,
Et vous ne voulez pas..., halte-là, s'il vous plaît !

Ah ! ces gens peuvent bien, dans leurs discours impies,
Nier jusqu'à notre âme et traiter d'utopies
Ces espoirs éternels sur qui rien ne prévaut ;
Ah ! le premier venu peut bien, cuistre en délire,
Dire à Dieu : « Tu n'es pas », et je ne peux pas dire :
« Vous êtes un faquin, vous, là-bas... ou là-haut ? »

Allons donc ! c'est assez qu'en sa lâche faiblesse
Le Code leur voyant un masque le leur laisse ;
Que la pudeur des Lois leur ménage un abri,
C'est assez, c'est trop même... ô ma colère folle,
Avant de t'enliser dans cette honte molle,
Aux quatre vents du ciel au moins pousse ton cri !

Oui, je sais, c'est grotesque et ce n'est plus de mode
De s'indigner ainsi sur le rythme de l'ode,

4

La plaine tiède a peur du souffle âpre des monts ;
Eh bien, que les mourants se couvrent les narines,
Il est des cœurs vivants et je sais des poitrines
Dont cet air libre et pur dilate les poumons !

. . . .

. . . .

Aussi bien, quand tout baisse et tout flotte et tout change,
Quand les chemins tracés sont perdus sous la fange,
Qu'on a pour sa défaite un mépris indulgent ;
Quand le succès est saint et seul fait des miracles,
Quand l'Honneur est un dieu qui ne rend plus d'oracles
Quand la Lyre n'a plus qu'une corde d'argent ;

Quand l'Égoïsme prêche et brouille les cervelles,
Quand la Haine est un vin trop capiteux pour elles,
Qu'on en vient à compter ses affronts par ses jours ;
Quand l'Erreur sur les yeux a mis comme des taies,
Quand les grands sentiments sont de vieilles monnaies
Qu'on serre au médaillier puisqu'elles n'ont plus cours ;

Quand un peuple se rend, s'offre, se vend, se livre,
Quand la Conviction est comme une femme ivre;
Que, dans les cœurs séchés, la forte Passion
N'a — malgré le fumier — qu'un rejeton malade,
Quand le Droit par le Fait s'escamote en muscade,
Quand tout va par surprise et par occasion;

Quand l'âme est à ce point, et lâche et fausse et basse
Qu'elle appelle le crime, et l'étonne et le lasse,
Quand on mâche sa honte et que l'on y prend goût,
Quand sur l'Amour défunt fleurit la rhétorique,
Quand il suffit enfin de l'ombre d'une trique
Pour que l'ombre d'un front replonge dans l'égout !

Alors vienne un passant quelconque, oblique et louche,
Que, le mensonge aux yeux, le mensonge à la bouche,
Il applique au succès d'habiles procédés,
Qu'il prenne tour à tour, humble, insolent ou grave
Le maintien d'un cagot ou l'allure d'un brave,
Il peut prétendre à tout, à tout ! — Vous m'entendez,

Donc, saccagez, pillez conscience et sacoche !
Remplissez l'antichambre et remplissez la poche,
Dans notre orgueil désert avancez pas à pas,
Vous avez—Dieu le veut puisqu'il vous l'abandonne—
Tout ce qu'on peut avoir et tout ce qui se donne :
Le Présent. — L'Avenir ne se crochète pas !

JUILLET

CHANSON

Quand elle entra si brillante et si belle
Dans mon logis, ce fut comme un éclair,
Le gai soleil, par le trou vif et clair,
Comme un oiseau s'abattit devant elle,
      Quand elle entra.

Quand elle entra, l'instant rapide et vague
Soudain chanta dans mon réduit muet :
Parfums, ardeurs, bruits charmants, tout Juillet

Joyeusement entra comme une vague,
        Quand elle entra.

Puis ce fut tout, — le mur redevint sombre,
La porte close avait éteint le jour,
La belle enfant me souriait dans l'ombre...
C'était l'Eté qui m'amenait l'Amour,
        Quand elle entra.

ODE AU RIRE

A Étienne Arago.

Au rire pareil à l'aurore,
Au rire éclatant et divin,
Au rire doux comme le vin,
Et, comme le baiser, sonore!

Au parfum de la joie en fleurs,
A l'écho de l'âme en délire,
A l'envers radieux des pleurs,
     Au rire !

Qui fait flamber les yeux ardents,
Qui bat la gorge haletante,
Ce fard des dents, des belles dents
     Dont l'émail tente,
Plus rebondissant et plus pur
Que le chant de l'oiseau dans l'arbre
Ou que des grenats tombant sur
     Du marbre,

Rapide et clair comme le feu,
Frère de l'oubli plein de charmes,
Au rire qui fait croire à Dieu,
' Dont nous feraient douter les larmes,

Au rire viril et puissant
Qui met en rut palais et bouge,
Et brasse, dans la veine, un sang
Plus rouge...

En haine des voleurs d'espoir,
Des larmoyeurs sots ou sinistres,
Cafards, cagots, broyeurs de noir,
Aussi des cuistres ;
Au rire immortel et sacré,
Malgré les femmes et la mode,
Moi, poète, j'ai consacré
Cette ode !

Je vous salue, été vermeil,
Trève de Dieu, saison élue,
Éclat de rire du soleil,
Je vous salue !

Juillet rit à cieux déployés,
Le jour est bleu, la nuit sans voiles,
Jaillissez, roses ! pétillez,
          Étoiles !

Fermente et bous dans le sillon,
Sourde allégresse de la terre ;
Sonnez, fanfares du rayon,
          Couve, mystère !
Accouplez-vous dans la clarté,
Germes féconds de la matière ;
Éclate et vis, âme, gaîté,
          Lumière !

Allons, forçat du bagne humain,
Sèche tes pleurs, laisse tes haines,
Voici des lis et du jasmin,
          Voici des chênes ;

Jouir, c'est obéir à Dieu,
Ris donc un peu, la terre est blonde,
Le pampre est vert, — ris donc un peu,
     Vieux monde !

Ouvre tes yeux, voici le jour ;
Ouvre tes bras, voici la flamme ;
Voici l'harmonie et l'amour,
     Ouvre ton âme !
Prends tout cela, Dieu te fait don
De l'éternelle et sainte joie...
Ah ! chasseur d'ombre, prends-la donc,
     Ta proie !

O roi morose comme un roi,
N'écoute pas tes faux prophètes,
Ris à la vie, elle est à toi
     Avec ses fêtes ;
Elle a promis, Dieu va tenir,
Ce qu'il commence, Dieu l'achève ;
Elle est à toi — du souvenir
     Au rêve !

Ris à la mort, assez douté !
La mort n'est plus un grand peut-être ;
As-tu peur que l'éternité
    Ne manque à l'être ?
O passant d'une heure ici-bas !
Ris aux douleurs, ris aux désastres ;
Après la terre, n'as-tu pas
    Les astres ?...

LA FALAISE

Nous allions dans le bois silencieux et sombre,
Nous allions tous les deux dans le calme et la paix,
Sur la mousse muette et sous l'ombrage épais,
Écoutant ce silence et regardant cette ombre.

Oublieux et perdus, traversant pas à pas
Les molles épaisseurs de l'obscurité verte,
Nous allions, l'âme ailleurs et ne nous parlant pas...
Tout à coup la forêt sombre s'est comme ouverte !

Devant nous le soleil inondait le chemin,
Et la mer s'étalait étincelante, unie,
Et dans un baiser doux comme un baiser humain
Le ciel pur s'unissait à la mer infinie...

. . . .

Et nous sommes restés palpitants, anxieux,
Vous avez dit : « Mon Dieu ! » moi, j'ai dit : « Je vous aime ! »
Et devant ce spectacle immense et radieux,
Nous n'avons pu trouver que ces deux mots, — le même !

LE GUÉ

Il fallait passer la rivière,
Nous étions tous deux aux abois
J'étais timide, elle était fière,
Les oiseaux chantaient dans les bois.

Elle me dit : « J'irai derrière,
Mon ami, ne regardez pas. »
Et puis elle défit ses bas...
Il fallait passer la rivière.

5

Je ne regardai... qu'une fois,
Et je vis l'eau, comme une moire,
Se plisser sur ses pieds d'ivoire...
Nous étions tous deux aux abois.

Elle sautait de pierre en pierre,
J'aurais dû lui donner mon bras,
Vous jugez de notre embarras :
J'étais timide, elle était fière.

Elle allait tomber, — je le crois, —
J'entendis son cri d'hirondelle ;
D'un seul bond je fus auprès d'elle...
Les oiseaux chantaient dans les bois.

LES ROSES

Elle dort, c est trop tôt, l'aube à peine se lève,
Je m'étais trop hâté, demeurons un moment ;
Allons auprès du lit nous asseoir doucement :
Même par un baiser ne troublons pas un rêve.

Mon bouquet parfumé ne vaut pas son sommeil.
Qui sait ce qu'elle voit sous ses paupières closes ?
Attendons tous les deux, aurore au doigt vermeil,
Attendons tous les deux, les mains pleines de roses.

Ah ! paresseuse, à peine on l'entend respirer;
Sous ses voiles confus, à peine on la devine ;
A voir le fin tissu que sa peau vient moirer,
On dirait des lilas sous de la neige fine.

Ses yeux n'ont pas senti le sommeil se poser,
Sa bouche garde encor son doux pli de la veille,
Et la voilà — si belle ainsi, que le baiser
Près de sa joue en fleur rôde comme une abeille.

Et pendant qu'aux hasards de son repos charmant
Elle offre ses bras nus et son épaule grasse,
On sent qu'à ses côtés veillent incessamment
Ces anges de l'amour : la Pudeur et la Grâce.

Dors ! je suis là qui veille et te parle tout bas;
Celui que vous aimez, madame, vous admire :
Je puis vous admirer, vous ne me voyez pas,
Vous ne m'entendez pas, je puis bien vous le dire.

Comme d'un ciel voilé, par un trou de l'azur,
Tombe sur l'eau tranquille un rayon qui s'y mire,
On voit ses songes d'or éclairer son front pur...
N'est-ce pas que j'en suis, chère, de ce sourire?

Repose heureuse, enfant, sous mes regards heureux
Tout ce bonheur rêvé, je veux qu'il soit le nôtre,
Et que tes jours soient doux comme tes nuits, je veux
Qu'il te semble au réveil passer d'un songe à l'autre!

C'est que j'ai mis en toi ce que j'ai de plus cher,
Ce qu'épargne le temps et nous laisse l'envie,
Le sang de notre sang, la chair de notre chair,
Tout ce qu'ayant vécu j'ai sauvé de la vie,

Tout ce que l'on dérobe à ce monde moqueur,
Mes plus saintes ardeurs et ma foi la plus vive,
Et mes larmes aussi, — cet écrin de mon cœur, —
Tout ce qui fait qu'on aime et ce qui vaut qu'on vive,

Tout ! je t'ai tout donné, d'un seul coup, en un jour ;
Ce tout, — tant et si peu, — si puissant et si frêle,
Est dans tes frêles mains, ô mon unique amour !...
N'allez pas le casser au moins, mademoiselle !

Ah ! faisons-nous petits ! soyons heureux bien bas
(Hélas ! tant de bonheur tient dans si peu d'espace!),
Si bas que le malheur ne nous entende pas,
Et dise en regardant : « Je ne vois rien, » et passe.

Car les amours cachés sont les amours bénis :
L'avare pour son or cherche un endroit bien sombre,
Les bois cachent leurs fleurs et les oiseaux leurs nids,
Et nous qui nous aimons soyons heureux dans l'ombre

Mais si nos soins sont vains, mais si, malgré cela
(Le malheur, attentif, a des retours tenaces),
Il veut frapper un jour... Eh bien, je serai là,
La poitrine à ses coups et l'œil à ses menaces

Là, devant toi, toujours, éclairant le chemin,
De tes pieds délicats écartant jusqu'au doute,
Aujourd'hui sans souffrir engendrera demain,
Et, calme, grâce à moi, tu poursuivras la route.

Calme et joyeuse aussi, de sommets en sommets,
Ainsi tu marcheras jusqu'au bout de la voie,
Ayant souri toujours, sans avoir su jamais
De combien de douleurs je te faisais ta joie.

Mais va ! mon âme est riche : avant qu'ils soient pillés,
Ses trésors lasseraient tous les destins moroses,
Et pourvu que tes yeux... Ah! vous vous éveillez
Dormeuse! — Mon amour, je t'apportais des roses.

LA SOURCE

A Théodore de Banville.

Sur le cresson, noir, sur les cailloux blancs,
Et sans une ride et sans un murmure,
Dans son berceau vert aux rideaux tremblants,
Dort la source froide, immobile et pure.

La broussaille horrible et la roche en pleurs
Couvrent son secret d'une ombre éternelle,
Et, fixe, elle est là, comme une prunelle,
Entre les longs cils des iris en fleurs.

Elle est là, trop loin des lieux où nous sommes
Pour que rien de nous la trouble jamais,
Sous la forêt sombre et sur des sommets,
Que ne connaît pas le pied lourd des hommes.

Les oiseaux du ciel, les passants de l'air,
Les grands aigles roux et les hirondelles,
Ceux-là seuls à qui Dieu donna des ailes,
Savent le trouver, le flot chaste et clair.

A travers la branche où sifflent les merles,
Sur l'émail de l'eau passent tour à tour
L'ombre et le rayon, la nuit et le jour,
L'un la criblant d'or, et l'autre de perles.

De ces drames bleus le mouvant dessin,
Sans plus l'entamer, joue à sa surface;
Elle, vierge et nue, a le calme au sein,
L'ombre à ses côtés et le ciel en face.

Luis au fond du bois triste et murmurant,
Coupe de saphir où l'oiseau s'abreuve;
Dors, lac assoupi qui seras torrent ;
Reste, goutte d'eau qui deviendras fleuve!

Dans tes rochers hauts comme le mépris,
Dans tes bois touffus comme la pensée,
O source farouche, à ces deux abris,
Reste obstinément — limpide et glacée.

La mousse t'enchâsse, ô diamant noir,
Ce qui vient d'en haut en toi se reflète,
Silence fluide et divin miroir,
Larme de l'azur, — âme du poëte!

PANGLOSS

PANGLOSS

A P. Lanfrey.

Je ne suis pas de ceux à qui les choses neuves
Font l'effet du fruit vert sur un nerf agacé,
Qui sur le temps présent pleurent comme des fleuves
Et, fouillant les tombeaux pour y chercher des preuves,
Étaient de vieux débris leur temple crevassé :
C'est du vilain présent qu'est fait le beau passé.

II

Le présent a du bon néanmoins, et je l'aime.
Est-ce par indolence ou curiosité ?
Mais, pour ne le pas voir avec sévérité,
J'ai cent bonnes raisons, toutes d'un poids extrème ;
Ètre — au moins je le crois — vaut mieux qu'avoir été,
J'ai cent bonnes raisons, et voici la centième.

III

Je ne suis pas de ceux qui ne voient rien venir,
Dont éternellement l'âme étroite et malsaine
Rumine un vieux regret et vit d'un souvenir,
Et, s'il faut parler franc, j'échangerais sans peine
Tout notre fier passé contre un fier avenir,
Et dix siècles d'honneur contre huit jours de haine.

IV

Urnes du bon vieux temps, obstinés détracteurs
De nos travaux obscurs et de nos âges ternes,
O vous qui des bons rois et des vieux serviteurs,
Des antiques vertus, antiques balivernes,
Bric-à-brac des anciens, assommez les modernes,
Comme vous seriez fous, si vous n'étiez menteurs!

V

Nobles ankylosés et bourgeois en délire,
Qui, marchant à rebours, vivez la tête en bas,
Poètes confiants qui chantez sur la lyre
Ces hauts faits qu'avec soin vous vous gardez de lire,
Et vous, sots qui d'instinct leur emboîtez le pas,
Je vous plains, pauvres gens, et vous pardonne, hélas?

VI

Dieu le veut, souvenir, que ton prisme colore
Chaque objet qui s'éloigne et nous fuit tour à tour,
Que les larmes de mère et les baisers d'amour,
Alors qu'ils ne sont plus, nous soient plus doux encore ;
Dieu le veut ! Quel moment serait, dans un beau jour,
Plus beau que le couchant, s'il n'était pas d'aurore !

VII

Autre temps, autre but, partant autres moyens,
Tartufes éplorés, apaisez vos alarmes ;
Chaque âge eut, sachez-le, son mobile et ses armes :
C'est d'abord la vertu... dans des temps très anciens,
Puis la foi, puis, l'honneur, en qui l'on vit des charmes...
—Et maintenant, monsieur ? — C'est là que je vous tiens !

VIII

— Et ce toujours plus tiède amour de la patrie ?
— D'accord, mais quels progrès a faits l'artillerie !
— Et cette universelle et navrante torpeur ?
— Mais l'électricité, mon cher ! n'ayez pas peur.
— Et ce luxe enragé ? — C'est vrai, mais la vapeur !
— Et la corruption ? — C'est vrai, mais l'industrie,

IX

Mais la Science enfin ! Ne parlons plus des vieux,
Ensevelissons-les dans un oubli pieux :
La Science, monsieur, c'est là qu'est notre gloire,
Notre foi, notre argent, notre âme, notre histoire :
Inutile à présent de rêver et de croire ;
La Science, c'est tout, — et tout est pour le mieux.

X

Ah ! quand l'enivrement des amours éternelles
Accouplait l'âme ardente avec la vérité,
Quand le premier rayon de l'immortalité
Étoilait du mourant les obscures prunelles,
Alors qu'Athène et Sparte, ainsi que deux mamelles,
Allaitaient de leur sang la jeune liberté ;

X I

Quand l'ivresse du bien avait sa jalousie,
Que le juste exilé s'éloignait radieux,
Que la charité seule avec la poésie
Filait du héros mort le linceul glorieux ;
Quand des mains de Platon coulait cette ambroisie,
Que les dieux d'autrefois versaient pour d'autres dieux;

XII

Quand l'éclair de l'épée était une lumière
Dont Rome illuminait la nuit des nations,
Et que le peuple, même en ses rébellions,
Au mur de la patrie était comme le lierre,
Quand les Brutus clouaient leur cœur à cette pierre,
Quand la louve de bronze enfantait des lions ;

XIII

Ah ! quand Jésus naissait comme l'aube se lève,
Lorsque, sublime et seul, le céleste émigré
Allait par ce pays lointain, doux et doré,
Petit comme un berceau, mais grand comme le rêve,
Et, semant l'avenir, fondait l'œuvre ignoré
Commencé par le verbe, achevé par le glaive ;

XIV

Quand le pâle martyr en mourant triomphait,
Quand la foi s'éprouvait par le fer et la flamme,
Qu'au vieux monde goulu, livrant la chair infâme,
L'idée en souriant tendait la gorge au fait,
Et qu'au soleil du cirque immense et stupéfait
Tombaient extasiés les insurgés de l'âme :

XV

Certe, ce n'était pas alors comme chez nous
Un sang rare et stagnant qui rougissait les veines;
L'histoire était robuste, et qui lui prend le pouls
Le sent bien, qu'à travers les amours et les haines
Qui, dans ces durs cerveaux poussaient comme des chênes,
Le cœur des nations battait à plus grands coups!

XVI

Certe, et sur quelques points ils valaient bien les nôtres
Ces jours de foi, d'espoir, de lutte et de combats ;
Autres étaient les temps, ces hommes étaient autres,
Avec l'humanité Dieu ne marchandait pas,
Et l'on ne verrait plus ici comme là-bas
Des siècles de héros et des peuples d'apôtres.

XVII

Mais quoi ! ce même Dieu, qui, d'un doigt souverain
Implantait la foi vive en leur âme profonde,
Les pétrit tout exprès dans le marbre et l'airain,
Ces maçons du destin, pour nous bâtir un monde
Et, quand ce monde fut, — éternel et serein,
Il rentra dans la nuit comme un astre dans l'onde.

XVIII

Allez ! n'essayez pas d'imiter nos aïeux
Dans la sanglante erreur de quelque parodie,
Ils ont fait l'épopée et clos la tragédie,
Pour jouer notre calme et simple comédie,
Nous n'avons pas besoin d'acteurs géants comme eux...
Quand je vous le disais, que tout est pour le mieux.

XIX

O rire inextinguible aimé des dieux d'Homère !
O rire immense et fou ! formidable grelot
Qu'agite en se raillant notre humaine misère,
Rire haut et puissant, si puissant et si haut
Qu'on ne peut distinguer, tant sa note est amère,
Si vraiment c'est un rire ou si c'est un sanglot !

XX

Voyez-vous à Paris ceux de Sparte et d'Athènes
Les foudres d'Agora cuisant à nos feux doux,
Et la sonnette grêle endiguant Démosthènes,
Les voyez-vous passer les figures hautaines
De tous ces vieux Romains, et vous figurez-vous —
Sauf Auguste ou César — ce qu'ils feraient chez nous ?

XXI

D'y songer seulement la gaîté vous enivre :
Pour moi, le brouet noir fait mon ravissement,
Et qui peut supposer, même pour un moment,
Qu'un Épaminondas à nous prenne ou délivre
N'importe quoi... Pékin, et n'ait pas seulement
Non pas de quoi mourir, mais même de quoi vivre ?

XXII

Voyez-vous la Phryné devant le tribunal?
(Derrière on ne dit pas.) Quant à Platon, j'espère
Qu'on l'autoriserait à fonder un journal,
Sauf... Je tremblerais fort pour Brutus fils ou père
Le jury n'est pas doux, et les deux font la paire,
Et puis les avocats parfois plaident si mal !

XXIII

Seuls! vous vous reverriez en vos lugubres fêtes,
Martyrs, car votre foi s'appelle liberté
(Je ne vous compte pas, crétins livrés aux bêtes)
Par exemple, il faudrait avertir les prophètes
Des lois sur la folie et la mendicité,
Sous peine de conflit avec l'autorité.

XXIV

Non, le farouche honneur, non, la vertu sauvage,
Sont les armes de fer et d'airain d'un autre âge ;
Rien qu'à les soulever le nôtre s'est blessé
Avec ces lourds engins dont il n'a pas l'usage...
Ah ! révolutions, laissez, raide et glacé,
Sur le tombeau des temps dormir le vieux passé !

XXV

Et quant à l'avenir, cet éternel peut-être,
Ce hochet solennel enflé d'ombre et de vent,
Que le siècle qui meurt lègue au siècle suivant,
Cette Isis que jamais nul ne pourra connaître,
Fermons sur l'infini cette oblique fenêtre
Par où l'âme s'échappe et buissonne en rêvant.

XXVI

A-t-elle assez vécu, cette vieille utopie?
A-t-il assez duré ce travail d'Ixion?
Que nous faut-il encor de désillusion,
Pour savoir que l'espoir est une chose impie?
O Dieu! pour l'affliger de cette passion,
Qu'a fait l'humanité? qu'est-ce donc qu'elle expie?

XXVII

Guérira-t-il enfin ce mal de l'avenir
Qui depuis six mille ans l'agite et la tourmente?
Ce qu'elle s'est promis, qui pourra le tenir?
Ithaque de l'azur, fugitive et charmante,
L'époux est toujours là qui cherche et se lamente,
Quand finit son voyage, hélas! s'il doit finir?

XXVIII

Être indéfinissable et douteux, âme humaine,
Où volent tes désirs inconnus et flottants ?
Où vas-tu ? d'où viens-tu ? que veux-tu ? qui te mène ?
Qui donc es-tu d'abord ? Réponds, si tu m'entends,
Voyageur éperdu de l'espace et du temps
Qui vas dans l'infini comme sur ton domaine !

XXIX

Qui donc appelles-tu de ce gémissement ?
Sur qui pleures-tu donc ces larmes éternelles ?
Es-tu blessé, ramier ? Qui t'a coupé les ailes ?
Tes premières amours, dis, étaient donc bien belles ?
Il était donc bien beau, dis, l'infidèle amant
Que, sans le voir jamais, tu suis incessamment ?

XXX

Messaline céleste et jamais assouvie !
Claude, ton vieil époux, le corps, ton lourd seigneur,
Que depuis si longtemps tu traînes par la vie,
Enfin désabusé, las de t'avoir suivie,
Refuse d'avancer et devient raisonneur...
Ève grecque, ô Psyché ! qu'as-tu fait du bonheur ?

XXXI

Tu le tenais pourtant, s'il faut qu'on vous en croie,
Rêveurs ! tu le tenais, mais ne pouvant le voir,
L'aube de l'inconnu faisait pâlir ta joie,
Le jour de ton bonheur n'alla pas jusqu'au soir ;
Le réel te lassait, tu rejetas la proie
Pour l'ombre de son ombre, et préféras l'espoir.

XXXII

O ! combien en sont morts, et de combien de bouches
Le blasphème en grondant s'est-il pas exhalé ?
Et combien, sur le marbre implacable et voilé,
Se sont brisé les dents en leurs baisers farouches,
Hélas ! et pour si peu qu'on a vus sur leurs couches
S'endormir doucement dans leur rêve étoilé ?

XXXIII

Mais aujourd'hui, parbleu ! que ce mont ridicule
Est accouché d'un rat, son enfant biscornu,
Le Doute, — espoir encor, — l'appétit d'inconnu
Ont pris fin, Dieu merci ! Qu'il avance ou recule,
Le monde est fait pour vivre, et vivons ! Par Hercule !
Sans y même être allé, j'en suis bien revenu.

XXXIV

Plus de brumeuse erreur ! c'est assez de mystère !
Le dernier Faust est mort de son rêve rentré,
Pressant contre un cœur vide un néant adoré ;
Voyant qu'après le bois vient le charbon de terre,
Saint Laurent s'est levé, puis, dans un grand *voltaire*,
Il est allé s'étendre et dort comme un curé.

XXXV

Oui, magistrat honnête et confit en bien dire,
Oui : « la société, les mœurs et la maison,
» Oui, la base immortelle, oui le sombre horizon
» (Allez, ce n'est pas moi qui veux vous contredire),
» Oui, le but ténébreux de fauteurs en délire... »
Monsieur le magistrat, vous avez bien raison.

XXXVI

Et vous dont l'âme obscure est pareille à la voûte
Où l'ombre opaque et sourde est vierge de clartés
Et d'où des pleurs rythmés découlent goutte à goutte,
Utopistes chagrins, mécontents brevetés,
Dites-les donc enfin, vos regrets entêtés !
De quoi vous plaignez-vous ? Allons, parlez, j'écoute.

XXXVI

. . . .
. . . .

XXXVII

Oh! oh! mais il n'importe, et cela n'est pas fort!
Toujours le même rêve et les mêmes sornettes!
Et d'ailleurs votre but vaudrait-il notre effort?
Vous trouvez le Présent mauvais, c'est là le tort;
Que diable! ayez au moins des visions plus nettes,
Ou cessez de vous plaindre ou prenez mes lunettes!

XXXIX

« Ai-je l'âme trop bonne ou les yeux trop cléments?
Mais je ne vois partout que des hommes charmants,
Qu'aucun instinct n'émeut, qu'aucun transport n'enivre,
Doucement adonnés à ce qu'ils nomment vivre,

Résignés et dodus, tranquilles et fleuris,
Ayant peur du silence, ayant horreur des cris,
Bornant modestement leur modeste voyage
A l'est par le plaisir, par un beau mariage
A l'ouest, et là-bas, mais tout là-bas, au nord,
Par une bien obscure et bien paisible mort ;
A tous vents du dehors fermant porte et fenêtre,
Érigeant sagement en vertu le bien-être ;
Dans leur petit esprit dont ils sont fort coquets,
Si friands de scandale et de petits caquets
Qu'ils font d'un grand pays une petite ville ;
Rendant au dieu Succès un culte un peu servile,
Mais redoutant le neuf comme un coup de bâton ;
Sentant pour un passé qu'ils trouvent de bon ton
Une secrète ardeur qui fondrait bien leur glace,
Si pour reculer même on ne changeait de place ;
De préjugés d'ailleurs non plus que sur la main ;
Se souciant d'hier autant que de demain ;
Dans les larges couloirs d'un aimable cynisme,
Ayant commodément logé leur égoïsme ;
Tenant que tout est bien dont on n'a pas de mal ;
Portant sur leur drapeau : « Cela m'est bien égal » ;
Vivant entre eux, du reste, en bonne intelligence,

7

Grâce au mépris commun sous couleur d'indulgence,
Sans grandes passions et sans grands sentiments;
Sans fiel et sans orgueil, enfin charmants, charmants!

« Charmants, en vérité! Mais aussi quelle vie!
Qu'ont-ils à regretter? qui peut leur faire envie?
Eux, penser! à quoi bon? Agir! vous plaisantez!
N'ont-ils pas pour cela des agents patentés,
Des Instituts pour eux savants et pour eux graves,
Pour eux des remplaçants payés pour être braves,
De tous leurs intérêts des gens chargés pour eux,
— Des spirituels même, et même assez nombreux, —
Tous messieurs, s'il vous plaît, portant des uniformes,
Ayant prêté serment, reconnus dans les formes,
Tant que pour ne pas croire à leur habileté
Il faudrait être au moins atteint de cécité,
Et pour s'entremêler, fût-ce à sa propre affaire,
Être bien indiscret ou n'avoir rien à faire? »

X L

L'esquisse est-elle exacte et selon vos désirs ?
Ce crayon rend-il bien notre béatitude ?
Reconnaissez-vous bien nos goûts et nos plaisirs
Et cet oubli d'autrui, notre plus douce étude,
Et cet oubli de soi qu'on appelle habitude ?
O Mélibée, un dieu nous a fait ces loisirs !

X L I

Laissons les hommes forts dire qu'à notre taille
On nous ajuste un monde et répéter en chœur
Que dans nos passions, que l'on rogne et l'on taille,
Ils voient les tristes ifs de ce triste Versaille,
Qu'enfin les lourds ciseaux de l'intérêt vainqueur
Ont mutilé l'amour, virilité du cœur.

XLII

Laissons-les remplacer, ces Catons d'un autre âge,
Le brillant par le juste et l'adroit par le sage,
Et la morale aussi par la moralité,
Eux qui s'en vont criant à la stérilité,
Et pensent follement, qu'indomptable et sauvage,
L'esprit n'engendre pas hors de la liberté.

XLIII

Le présent seul est vrai, le reste n'est que cendre.
Le présent! mais c'est l'or du guerrier d'Alexandre;
Donc, prenons ce qui peut en tenir dans nos bras,
Remercions ceux qui, lourds de nos embarras,
Jusques à s'en charger veulent bien condescendre,
Et tâchons d'être heureux pour n'être pas ingrats!

. . . .

XLIV

Il était une fois — avant-hier, peut-être, —
Un homme qui vivait dans le ravissement :
Ni beau ni laid d'ailleurs, et fait tout simplement
Ainsi que vous et moi, lecteur, nous pouvons l'être ;
Il se nommait Pangloss, et vraisemblablement
Comptait qui vous savez pour aïeul et pour maître.

XLV

Il avait, comme un autre, étant un écolier,
Appris beaucoup de mots d'une grande ressource
Qu'il s'était, comme un autre, empressé d'oublier
De français point ou peu, cela coule de source
Quant à l'arithmétique, on l'enseigne à la Bourse...
Il n'était pas savant, il était bachelier.

XLVI

Sur tout, il tenait prêt un avis net et fade,
Et savait à propos mettre un mot sur un nom,
Qu'il s'agît de Vichnou, de Kant ou de Ninon :
« Owen ? un fou, monsieur ! Et Jean-Jacque ? un malade !
» Fourier ? ah ! oui, Fourier, la mer de limonade...»
Ce n'était pas un sot que Pangloss : ah ! mais non !

XLVII

Sa politique était d'ignorer et d'attendre.
Du reste, libéral, comme on doit le savoir :
« Quatre-vingt-neuf ! oh ! oh !...Cependant le pouvoir...
» Une main ferme »... Bref, un Shahabaham tendre
L'eût nommé grand vizir, s'il avait pu l'entendre,
Et baisé sur le front s'il avait pu le voir.

XLVIII

Pour sa religion, ce n'est pas un mystère
Qu'il pensait librement ; mais, soit dit entre nous,
Au fond, il n'était pas, vous savez, de ces fous
Qui... lorsqu'on le poussait, il aimait mieux se taire
Non qu'il crût, lui, Pangloss ! lui, le fils de Voltaire !
Mais le peuple, monsieur, le peuple, y pensez-vous ?

XLIX

Il suivait le droit fil de la route suivie,
D'un pas inconscient, satisfait et certain...
La Bourse dans le jour, son journal le matin,
Et le soir... ah ! ma foi, le soir, l'âme ravie,
Ils s'attardait gaîment aux faubourgs de la vie :
Homme d'ordre d'ailleurs, quoique fort libertin.

L

Quand il prit quarante ans, devenu sage en somme,
Comme il avait du ventre et devenait affreux,
Sur conseil de notaire, il se dit amoureux
D'une vierge apportant, outre une forte somme,
Les qualités du cœur, bonheur d'un honnête homme;
Il eut beaucoup d'enfants et vécut très heureux.

LI

Enfin, après sa mort, honorant sa mémoire,
On lui fit un convoi, je dis supérieur,
Flanqué d'un beau discours à la manière noire,
Dans lequel un monsieur très chauve et point railleur
Lui donnait rendez-vous dans un monde meilleur,
Ce qui dut l'étonner. — Là finit mon histoire.

LII

« — Quoi! c'est là ce récit? — Je viens de l'achever.
» — Quoi! c'est là ce héros ? — Sans voile ni lacune.
» — Mais il n'arrive rien qui ne puisse arriver?
» — J'en suis sûr. — C'est banal. — D'accord. — Si c'en est une
» Cette histoire, après tout, est l'histoire commune ?
» — Hélas! c'est justement ce qu'il fallait prouver. »

OCTOBRE

Déjà l'été charmant n'est plus qu'un souvenir ;
Le temps, ce morne auteur, dédaigneux des huées,
Sur l'œuvre éblouissante et qui vient de finir
Abaisse lentement le rideau des nuées.

Aux reflets de clartés toujours diminuées,
On voit le vieux décor s'écailler et jaunir,
Et, comparses frileux, partant pour revenir,
Des troupes d'oiseaux noirs s'enfuir exténuées.

La nature en dormant roule ses tapis verts,
La bise vient et va soufflant sur les étoiles
Que la brume enveloppe avec ses fines toiles ;

Et, sur le mobilier dégarni des hivers,
Le givre pâle étend sa housse monotone...
Le théâtre désert représente l'automne.

LA

COMPLAINTE VÉRITABLE DU VIN

A George Sand.

— Holà ! bonhomme, êtes-vous prêt ?
Allons-nous-en dans la forêt
Avec des haches et des chaînes,
Allons cogner matin et soir,
Il faut des chevrons au pressoir.
— Tope, dit l'homme, et gare aux chênes !

Le chêne dit aux bûcherons :
— Que ferez-vous de mes chevrons ?
Je dormais d'un sommeil de marbre.
— Nous en ferons un échafaud ;
C'est pour la vigne, il nous les faut.
            — Frappe ! dit l'arbre.

Avec la serpe et le couteau,
Allons-nous-en sur le coteau
Que le cep souriant festonne ;
Trousse tes manches, compagnon,
Et toi, la fille au lourd chignon,
Fais comme nous : voici l'automne !

— Gai vendangeur, que me veux-tu ?
Lui dit la vigne au bois tortu,
Quand il passe de ligne en ligne.
— Je veux ton cœur tout frémissant,
Je veux ta chair, je veux ton sang.
            — Prends ! dit la vigne.

Corbeille au front, panier au flanc,
Portant le raisin noir et blanc,
Ils s'en vont, les poings sur les hanches,
Aveuglés par les rameaux verts,
Et l'on voit reluire au travers
Et leurs yeux noirs et leurs dents blanches.

La grappe dit de temps en temps :
— Où donc allez-vous si contents,
Mon beau garçon, et vous, ma belle ?
— Nous t'emportons dans des étaux
Qui broieront ta moelle et tes os.
        — Allons ! dit-elle.

Comme il jaillit, le vin nouveau !
On dirait que l'on saigne un veau,
Le pressoir geint comme une veuve,
Allons, les gars, encore un tour !
Que la terre en fume alentour !
N'ayez pas peur, la vis est neuve

8

— Eh ! garçon, dit le pressoir neuf,
Le cuvier est plein comme un œuf,
Et tu presses à pleine échine !
— Bon ! plus j'en presse, plus j'en bois.
— Presse donc à fendre le bois !
    Dit la machine.

L'homme qui boit est bien plus beau :
Il a le vin à fleur de peau
Et la face couleur de braise ;
Il ne craint ni soldat ni rien,
C'est comme s'il avait du bien,
Tant il est fier et pâmé d'aise !

— Beau buveur, dit le verre plein,
Te voilà soûl comme un vilain !
— Mon petit, la vie est sévère :
Faut-il pas l'égayer un peu ?
— A tes souhaits, homme de Dieu,
    Lui dit le verre.

MORALITÉ

Or, mes gens, si vous voyez clair,
Dites-moi qui donne sa chair,
Qui donne le sang de ses veines,
Qui l'on tourmente bien des fois,
Qui l'on fait saigner sur le bois,
Tout cela pour calmer nos peines?

C'est Jésus, le sauveur divin,
Le sang de Jésus, c'est le vin
Qui coule pour le misérable
Et coulera, doux et subtil,
Dans tous les temps. — Ainsi soit-il,
  Vin secourable !

L'IVROGNE

L'ivrogne va, perdu dans ses rêves sans nombre
D'indicibles pensers, il ne sait d'où venus,
Et d'étranges lueurs, de sa cervelle sombre
Sillonnent les coins noirs et les espaces nus ;

C'est une éclosion de bonheurs inconnus,
Faits d'à peu près certains et douteux comme l'ombre,
De hasards émergeant d'une rose pénombre,
D'impossibilités belles comme Vénus !

Pendant qu'il s'émerveille à suivre dans son âme
Les flottantes couleurs et les contours de flamme
Du songe magnifique, éblouissant et cher,

Les angles de trottoir, les volets de bout que,
Comme des chiens goulus en vain happent sa chair,
Lui, sourit vaguement d'un sourire extatique.

LES BRUMES

A Charles Gleyre.

Les brumes à nos pieds se traînent lourdement.
Ah! linceul de l'ennui! voile opaque et dormant!
Savez-vous de quels cieux ces brumes sont venues ?
Ce sont les fleurs de pourpre et d'argent de l'été,
Elles viennent d'en haut, les brumes ont été
Les nues !

. . . .

O jours ! rapides jours ! On s'avance, ébloui,
Dans les enchantements de son rêve inouï ;
Le hasard vous sourit, tout vous doit quelque chose :

La femme son regard, et son parfum la rose,
Tout, jusqu'à l'avenir, — débiteur éternel. —
On n'a d'autre passé qu'un baiser maternel ;
On ne sait pas, on croit, on a la foi profonde ;
Si haut sont les pensers et si larges les pas,
Que la terre est étroite et que le ciel est bas,
Et l'on marche, pensant faire osciller le monde ;
On dit : « Je veux ! » on dit : « Je serai celui-ci ! »
On admire sans haine, on aime sans souci ;
Aimer ! On n'aime pas seulement, on adore :
Dans ce flot de désirs, c'est un flux et reflux,
Celui qu'on a poussant celui que l'on n'a plus
Et poussé par celui que l'on n'a pas encore ;
Et l'on sent qu'on fait bien et que l'on est béni :
Le bonheur est si grand, qu'on le croit infini ;
Et pourquoi, juste Dieu ! serait-il éphémère ?
Puisque le Père est bon, l'enfant doit être heureux,
Et l'on ouvre son cœur, et l'on est généreux,
Et l'on a tout : on a le monde. — on a sa mère !

Les nuages montaient dans le firmament bleu :
Ils s'épanouissaient comme des fleurs de feu,

Ils écumaient, joyeux, comme le flot des grèves...
Que sont-ils devenus les nuages vermeils?
Ce que sont devenus nos étés, nos soleils,
          Nos rêves !

La vie est un collier dont l'espoir est le fil.
Quel couteau que le temps ! Un à un, une à une,
Et les diamants d'Août et les perles d'Avril
S'égrènent lentement dans la fange commune ;
Et l'on se trouve seul et, de ses propres mains,
On mutile son rêve en lui rognant les ailes,
Pour accorder son vol avec les pas humains ;
Amour, espoir, désir, adieu les hirondelles !
Et l'on voit, et l'on sait, car on n'a plus la foi,
Et tout en soi languit et meurt autour de soi :
L'amitié, foyer vide où l'on mettait la flamme,
Et l'admiration, autre voleuse d'âme.
Et puis, vient la raison, — la première douleur, —
Et l'ambition ment, et l'intérêt grimace,
Hormis le souvenir, l'âme n'a plus de fleur
Où n'ait cent fois bavé l'ennui, cette limace ;
Avez-vous vu tomber les feuilles dans les bois ?

Ainsi tombent les jours comme des feuilles d'arbre.
Et les morts ? et les morts ? Hélas ! combien de fois
S'est-il assis chez vous, le convive de marbre ?
Ah ! l'heure sombre ! Hier, il était près de vous,
Il vivait, l'être aimé, joyeux, charmant et doux,
Et le voilà, — terrible, échevelé, farouche ;
La mort l'a fait *cela*, l'on peut voir sur sa bouche
Le bâillement hideux du sommeil inconnu.
Oh ! quel air effroyable a ce cadavre nu !
Ce n'est plus ni l'enfant, ni l'époux, ni l'amante,
C'est un mort ! Alentour, la maison se lamente,
Mais lui, mystérieux, immobile, glacé,
Avec sa bouche d'ombre et ses yeux de ténèbres,
Demeure. — Il a vécu. — C'est tout. — Il a passé !
On entend dans ses os des craquements funèbres ;
On est là, regardant, stupide, anéanti,
Cette main, ces cheveux, ce front, cette paupière,
Cette femme d'albâtre ou cet homme de pierre,
Cette armure de l'être et d'où l'être est parti,
Toujours là, répétant le même mot sans cesse :
« Mais c'était mon enfant, ma mère, ma maîtresse !
Je l'aimais ! ô mon Dieu. Pourquoi ? Qu'ai-je donc fait ? »
La nuit reste muette et l'Éternel se tait.

Et quand vient le matin, et quand on vous l'emporte,
Et quand on le descend!... Ce voile à cette porte !
Et l'immonde attirail de ces choses sans nom !
Et quand on se révolte, et quand on se dit : « Non ! »
Et l'église, et le prêtre, et la tombe, et la terre,
Toute la fête horrible et longue du mystère ;
Et plus tard, quand c'est fait...après...quand on est seul,
Le lit avec le drap qui manque, — son linceul !
Et le silence affreux qui tombe des murailles,
Et cet arrachement qu'on se sent aux entrailles
Lorsque l'on croit l'entendre ou parler ou venir,
Car il est là toujours, la chambre en est emplie....
Et les jours ? et les nuits ? et puis le souvenir !
Et l'oubli ?... l'autre mort ! L'oubli ! — car on oublie...
. . . .

Brumes, nuage ou rêve éblouissant et doux,
Mirages décevants que reste-t-il de vous,
De vos splendeurs, de vos promesses, de vos charmes ?...
Du nuage de pourpre et des brumes d'argent
Il reste l'eau qui tombe, et du rêve changeant,
                Les larmes !

LE BERCEAU

Dans la moire et le satin
  (L'enfant vient de naître)
Il est couché ce matin,
  Le cher petit être :
Chacun accourt, et, tremblant,
  Sur le lit se penche,
Pour voir dans son écrin blanc
  Cette perle blanche.

Chacun soulève à demi
　Les fines dentelles,
Pour voir cet ange endormi
　Qui n'a plus ses ailes ;
Pour voir ces nids à baisers,
　Sa main délicate,
Et ses petits pieds rosés
　Aux ongles d'agate.

Blanc comme une hostie, et pur
　Comme une prière,
On voit encore de l'azur
　Luire en sa paupière ;
Son œil est vierge du jour,
　Son cœur, de souffrance ;
Hier pour lui c'est l'amour,
　Demain, l'espérance.

Il est comme sont les fleurs,
　Parfum et mystère ;
A peine si, par ses pleurs,

Il tient à la terre!
Que faut-il pour l'apaiser?
Un mot, s'il soupire;
S'il se réveille, un baiser ;
S'il dort, un sourire.

Il dit déjà, savez-vous?
Mille et mille choses,
Rien qu'avec le souffle doux
De ses lèvres roses;
C'est un langage charmant,
Fait de mots étranges,
Que comprennent seulement
Sa mère — et les anges !

Bonjour, petit *nous* si cher,
Rayon de ma flamme !
O baiser qui s'est fait chair,
Bonjour, petite âme !
L'espoir t'appelle avenir,
C'est un gai baptême ;

Mais ton nom est souvenir,
    C'est pourquoi je t'aime.

Ah ! cher tyran, petit roi
    D'un royaume immense,
Déjà l'on souffre pour toi...
    Ton règne commence ;
Qu'importe, ô mon doux vainqueur ?
    Va, fais ton office...
La gourmandise du cœur,
    C'est le sacrifice !

L'AVEU

En ce temps-là ! — c'était un jour comme aujourd'hui,
Pour moi vous étiez : Elle, et pour vous j'étais : Lui !
      En ce temps-là, ma toute belle, —
Un jour comme aujourd'hui, nous suivions ce chemin ;
Je n'osais ni parler ni vous donner la main,
      Je vous disais : « Mademoiselle ! »

Vous me disiez : « Monsieur ! » vous en souvenez-vous ?
Ah ! que vous étiez belle et que l'air était doux !
      Dans ces moments, tout nous étonne ;

Nous avions pourtant fait ce chemin bien des fois,
Mais c'étaient d'autres champs et c'étaient d'autres bois
          Et nous découvrions l'automne.

L'automne! le printemps empourpré de l'hiver,
Tumultueux, sanglant, incendié, moins vert,
          Mais plus ardent, mais plein de fièvres :
Le sein roux de la vigne était gonflé de vin,
Les oiseaux se cherchaient ; dans le fond du ravin,
          L'eau faisait comme un bruit de lèvres.

Les lilas amoureux tâchaient de refleurir,
Et l'astre, s'épuisant avant que de mourir,
          Faisait vibrer toutes ces choses,
Et la nature en feu portait son deuil vermeil
En veuve de soleil, mais qu'un autre soleil
          Épousera, — viennent les roses !

Oh ! toutes ces chansons et toutes ces couleurs !
Les chênes, ce jour-là, ressemblaient à des fleurs,

Et les bouleaux aux feuilles blanches,
Que soulevaient parfois de légers tourbillons,
A des arbres d'argent couverts de papillons
    Frissonnant au milieu des branches.

L'ambre et l'or enchâssaient le monde souriant;
Des geais couleur d'azur voltigeaient en criant
    Dans des hêtres couleur garance;
Sur les champs, livre brun et, par le soc réglé,
Le doigt mystérieux et verdissant du blé
    Écrivait partout : « Espérance ! »

Vous en souvenez-vous, comme tout était beau ?
Et des douceurs de l'air et des baisers de l'eau,
    Vous en souvenez-vous ? Et l'herbe
Où ruisselaient ces fleurs que vernit le brouillard?
Et l'aveugle du pont ? Pauvre homme ! un beau vieillard!
    Et le beau pont ? un pont superbe !

Ah! chers instants !... J'étais comme un enfant boudeur,
Plein d'audace muette et de lourde pudeur;

9

Je disais : « Qui sait ? » J'étais ivre !
Parfois je vous laissais exprès marcher devant,
Pour voir vos cheveux fins qui frémissaient au vent...
          Pauvres morts ! qu'il est doux de vivre!

Oh ! si vous l'aviez su, tout ce que j'ai pensé !
Je naissais ; je voyais, oubliant le passé,
          Comme un lis en mon âme éclore,
Et je bénissais Dieu, sentant venir l'amour,
Le Dieu bon qui permet, si la vie est un jour,
          Que ce jour ait plus d'une aurore.

Oui, je pensais beaucoup, mais je pensais tout bas
Et, comme j'entendais... que je ne parlais pas,
          J'en avais l'âme consternée ;
Aussi, quand le silence avait duré longtemps,
J'assurais bien ma voix et m'écriais : « Beau temps! »
          Vous répondiez. « Belle journée! »

Ainsi nous avons fait jusqu'à ce qu'il fît noir,
Ayant marché tous deux du matin jusqu'au soir,

La bouche sur le cœur fermée ;
Trouble! extase! ô silence adorable et maudit!
Tu n'avais pas parlé, je ne t'avais rien dit...
C'était l'aveu, ma bien-aimée.

EUDORE

EUDORE

A Edmond About.

Il a vingt ans, il est silencieux et doux,
Il a des cheveux plats, des lèvres qui sourient,
Le front efflorescent avec de grands yeux mous,
Plus, une âme à sauver — et des souliers qui crient.

Ah ! c'est un ange ! au temps qu'il était écolier,
Déjà sa foi fervente était des plus farouches,
Et ses jeux consistaient à bâtir, en papier,
De tout petits bûchers pour y brûler des mouches.

C'est un ange! il rédige un peu *le Buis bénit*,
Il fait sur saint Grimaud un travail de sa plume,
La preuve est qu'il écrit le troisième volume,
Le troisième volume!... et ce n'est pas fini.

Tous nos propos mondains le mettent au supplice,
Parlez-lui d'art, il fait le signe de la croix ;
On lui dit : « Aimez-vous le soir au fond des bois? »
Il répond doucement : « C'est l'heure de l'office. »

Un ange! Croiriez-vous qu'il n'a pas un ami,
Non, monsieur! sur ce point, sa règle est fort sévère;
La jeunesse n'est pas corrompue à demi,
Et quant à l'amour... chut! demandez à sa mère.

Hein ? mère d'un tel fils!... sentez-vous la douceur?
Et si vous l'entendiez, c'est de quoi vous surprendre
Aussi, quoique bien jeune, a-t-il déjà fait prendre
La fuite à la servante et le voile à sa sœur.

Et quel cœur ! tout enfant, il eut le sou facile :
Chinois petits et grands le savent bien ; enfin,
Montrez-lui seulement quelqu'un qui meurt de faim,
S'il est de sa paroisse, allez, soyez tranquille !

Pour de l'ordre, il faut lire en son appartement
Un emploi de son temps, c'est celui d'un apôtre,
Toujours tout droit, jamais un jour qui passe l'autre,
Et ce sera toujours de même. — Il est charmant !

C'est qu'il faudrait le suivre en sa lente manœuvre ;
Savez-vous qu'un peu plus il serait marguillier,
Qu'on l'appelle en haut lieu la pierre et le pilier,
Et qu'il est fondateur, à son âge ! d'une œuvre ?

Oui, d'une œuvre ! Ils sont là quelques-uns comme lui
Qui, tous, ont fait ce vœu modeste et plein de charmes,
Avec la foi pour masque et des cierges pour armes,
En faveur d'autrefois d'immoler aujourd'hui.

Ils vont très bien. Ils ont en main de fortes sommes,
On les aide, il est vrai ; mais ils sont si prudents,
Si sournoisement forts, si froidement ardents,
Ces chers petits enfants, que l'on dirait des hommes.

Vous les verrez au jour qu'ils auront triomphé !
Car, croyez qu'on se fait, en petite chapelle,
Sous air de charité, beaucoup la courte échelle...
Cela vaut-il pas mieux que d'aller au café ?

Comptez qu'il ira loin, ce jeune homme adorable.
Jamais il ne se dit ni comment ni pourquoi ;
Pour lui, l'obscure nuit n'a qu'un astre, la foi...
Voilà comme on les fait ; n'est-ce pas admirable ?

Ah ! jeunesse affolée ! âge ardent et béni,
Où, pourchassant le Rêve aux champs de l'Infini,
On donne sans compter à des chimères vaines
Les baisers de son cœur et le sang de ses veines ;

Songeurs qui méditez la tête dans vos mains,
Poètes qui saignez à courir les chemins
Pour saisir et tenir dans le rythme embrassée
L'insaisissable enfant qu'on nomme la Pensée ;

Éternels mécontents nés pour jeter à bas
Ces autels du Passé que le Présent décore,
Vous qui doutez de tout et ne vous doutez pas
Que, par bonheur pour nous, douter, c'est croire encore ;

Blonds chasseurs d'inconnu ! fureteurs d'avenir !
Troupe inquiète, avide et du vrai possédée,
A qui l'espoir promet plus qu'il ne peut tenir,
Lovelaces du Bien, libertins de l'Idée !

Pour qui toute formule est comme une prison ;
Qui voulez follement et qui pouvez de même,
Et qui ne savez pas encor, — je vous en aime, —
De quels raisonnements est faite la raison

Jeunesse au cœur ému, gardienne de la flamme,
Et qui toujours trompée, et se trompant souvent,
Solde au moins ses erreurs avec l'or de son âme,
Et que Dieu fit ainsi pour aller en avant !

Ton bagage t'essouffle et ton ardeur te tue :
Ce n'est pas par ces bonds, ces élans, ces excès,
Qu'on arrive à la cime où fleurit le succès ;
Aiglon, vois le mulet ; lièvre, vois la tortue,

Vois Eudore : idéal, volonté, passion,
Il a tout abdiqué, oui ! tout ! de confiance !
Et, sans chercher plus loin ni faire sa croyance,
Toute faite il l'a prise — à la confection.

Pour vous, marchez, errez, croisez vos pas sans nombre,
Fous sublimes, montez ! perdez-vous dans l'azur !
Lui, dans la vie, ainsi qu'en un corridor sombre,
Il va, les yeux baissés, d'un pas tranquille et sûr.

S'il sera quelque jour bonnetier ou ministre,
Ils le savent, ceux-là qui mènent ses vingt ans ;
Peut-être est-il bouffon, peut-être est-il sinistre,
Mais son but est le but, et laissez faire au temps.

En attendant — il faut pardonner à son âge —
Il voudrait bien un coin de notre paradis,
Aussi s'occupe-t-on pour lui d'un mariage,
Très beau, cela s'entend et moi, je vous le dis.

Chaste rêve ! l'épouse est belle entre les belles :
Ses dents sont un troupeau qui revient du lavoir,
Ses hanches des colliers, et deux faons ses mamelles...
La dot est en écus, comme on le peut prévoir.

Et, comme Dieu bénit l'effort de l'homme austère,
Et qu'il est bien portant, je vous en avertis,
Le sol qu'avaient purgé Rabelais et Voltaire
Deviendra peu à peu tout noir de ses petits ;

Et sur notre pays ils seront comme une onde,
Et l'on peut le prédire et sans être subtil,
Et ces temps-là viendront, j'en ai la foi profonde,
A moins que nous... enfin, n'importe! Ainsi-soit-il!

DÉCEMBRE

Voici décembre en deuil sous son crêpe de givre,
Voici l'ombre et la nuit, ces deux vivantes morts ;
Le passant qui se hâte entend, comme un remords,
La mendicité blême en suppliant le suivre.

Voici décembre en fête et les grelots de cuivre
Du carnaval sans frein comme un cheval sans mors ;
Voici les folles nuits et l'heure où tu nous mords,
O rage d'oublier que nous appelons vivre !

10

Le soleil est avare et les pauvres sont nus.
Ils ont fui, les longs jours qui sont autant de trêves:
Les champs n'ont plus de fleurs, l'esprit n'a plus de rêves...

Cependant, aux tiédeurs de souffles inconnus,
S'ouvrent discrètement, dans l'âme et dans la mousse,
La douce violette et la charité douce.

LA BELLE GELÉE

A Victor Cherbuliez.

Allons, le rimeur diligent !
Tes vitres ont des fleurs d'argent
Que midi cueille goutte à goutte,
Le soleil est de fin acier,
Il gèle à fendre un créancier
   En route !

Chansons aux dents, bâton en main,
Du talon frappant le chemin,

A travers la bise et le givre,
S'en aller par vaux et par monts,
Buvant le ciel à pleins poumons;
          C'est vivre!

Allons toujours, allons là-bas!
Allons jusqu'où l'on ne va pas,
Toujours plus loin, plus loin encore,
Vers ce pôle, éternel aimant,
Où rayonne-éternellement
          L'aurore!

L'hiver est brutal, Dieu merci!
Il me plaît qu'il en soit ainsi
Et que rien ne reste de même :
Aujourd'hui blanc et demain vert,
Je le veux bien! J'aime l'hiver,
          Je l'aime!

L'hiver est le temps des efforts,
L'hiver est la saison des forts;

Tout combat, le torrent et l'arbre :
L'un s'est mis nu comme un lutteur,
L'autre a l'air d'un gladiateur
    De marbre.

Belle, nous n'irons plus au bois ;
Adieu les chansons d'autrefois
Et la blonde houle des seigles !
La terre n'a plus que les os,
Les chiens sont des loups, les oiseaux
    Des aigles !

Adieu jusqu'au printemps vermeil !
Le grand Pan dort son grand sommeil,
Las de l'amour, soûl de la fête,
Enroulé dans son blanc linceul ;
Ton cauchemar l'agite seul,
    Tempête !

Car c'est du fouet des tourbillons,
C'est des nuages, ces haillons,

C'est de l'éclair, cette couleuvre,
C'est de ce qu'on craint et qu'on hait,
C'est de tout cela que Dieu fait
            Son œuvre ;

    usqu'à ce qu'il ait dit : « Assez ! »
Que, du sang des soleils blessés,
Il empourpre les aubes molles;
Qu'il reprenne à la neige en pleurs
Ces beaux diamants dont les fleurs
            Sont folles.

O jours ! ô nuits ! Étés ! hivers !
Lourd pendule de l'univers,
Et vous, flux et reflux de l'onde,
Action et réaction,
Immense respiration
            Du monde !

Puisque tout a ce cours fatal,
Puisque l'œuf du bien c'est le mal,

Que tu veux que la créature
Soit ton maître et non ton amant,
Et qu'on te force incessamment,
    Nature !

Voyons qui sera le vainqueur !
Luttons ! la lutte est saine au cœur ;
Vous, timides, restez dans l'arche :
Quant à nous, dehors et devant,
Et, par la froidure et le vent,
    En marche !

AU BAL

Souvent, dans une fête et durant tout un soir,
Il advient qu'on s'éprend d'une femme inconnue,
Brune ou blonde, au hasard, la première venue,
Qu'on aime d'un amour étrange — et sans espoir.

On ne lui parle pas, on ne s'en fait pas voir;
Mais de loin, l'œil fixé sur son épaule nue,
Dans un silence ardent cette amour contenue
A de muets transports qu'elle ne peut savoir.

A travers le tumulte et la foule et l'espace,
On parle à cette femme, on prie, on pleure, on passe
De l'ivresse au dédain, de la rage au pardon...

Et la belle ignorante, à sentir autour d'elle
Notre désir ainsi frissonner comme une aile,
Parfois s'arrête et songe, et se dit : « Qu'ai-je donc ?»

COIN DU FEU

Si vous voulez, ce soir, nous resterons chez nous,
Tout seuls, au coin du feu ; nous mettrons les verrous ;
     Frappe qui veut, que nous importe ?
Donnons-nous une fête, à deux, un impromptu ;
Recevons le bonheur. « On s'aimera. » Veux-tu ?
     Ouvrons nos cœurs, fermons la porte.

Si tu le veux, ce soir, nous parlerons d'amour,
Tous les deux à la fois, ou bien non, tour à tour ;

Je gagne plus à ces échanges :
Tu me diras comment, tu me diras pourquoi,
Et tu m'emmèneras voyager avec toi
 ·Dans ton âme, — au pays des anges.

Si tu le veux, j'irai me mettre à tes genoux,
Et te conter si bas de ces contes si doux
 Que tu rougis comme l'aurore,
Et gare aux baisers drus pillant les cheveux blonds,
Comme un essaim d'oiseaux qui, dans les blés profonds,
 S'abat, turbulent et sonore !

Oh ! tu me laisseras te prendre dans mes bras
Et te donner cent noms ! Oh ! tu me laisseras
 Contempler cent fois ton visage,
Dire je ne sais quoi venant je ne sais d'où,
Te prouver follement que j'aime comme un fou,
 Comme un fou, c'est-à-dire un sage.

Et puis, je t'apprendrai, si tu le veux, ce soir,
Bien des choses, enfant, que tu ne peux savoir,

Mon passé sera notre livre :
Nous y regarderons ce que l'on fait là-bas,
Bien loin, dans ces pays où les gens n'aiment pas,
Et comme on vit avant de vivre.

Vois-tu, l'âme en naissant est un jardin bien beau,
Mais d'abord les devoirs y tracent au cordeau
De larges routes dans la mousse ;
Plus tard les passions, les haines, les douleurs
Saccagent les massifs et piétinent les fleurs. .
Ne crains rien, va, — cela repousse.

Et par bonheur, sans quoi ce serait trop amer,
Les cœurs vont à l'amour comme l'onde à la mer,
Mais le cours n'en est pas le même :
L'un suit nonchalamment ses méandres fleuris,
L'autre, comme un torrent qui brise... Tu souris,
Tu ne me comprends pas, — je t'aime !

Que nous fait tout cela ? Pourquoi nous souvenir
A quoi bon le passé quand on a l'avenir ?

On se souvient, quand l'ombre est noire,
Que le jour est tombé, que le front a pâli,
Oublions, oublions ! Les jeunes ont l'oubli,
    Comme les vieux ont la mémoire.

Si tu le veux, ce soir, restons sans nous parler,
Laissons le feu languir et nos rêves aller,
    Radieux, écoutant, de l'heure,
La voix d'argent compter les pas silencieux,
Et ta main dans ma main et tes yeux dans mes yeux...
    Et tant pis pour moi si je pleure !

Puis, après bien longtemps, quand il sera si tard
Que la lampe en mourant n'aura plus de regard,
    Le foyer muet plus de flamme,
Alors... eh bien... alors... avec votre agrément,
Nous nous retirerons dans notre appartement...
    Plus tôt, si vous voulez, madame.

LA TOMBE

A Eugène Fromentin.

J'y suis retourné l'autre fois,
— C'était le jour, c'était le mois, —
Et la neige couvrait la terre,
Un fossoyeur chantait au loin,
Une fleur brillait dans un coin,
Comme un sourire du mystère ;
J'ai soulevé son blanc linceul,
Et, regardant si j'étais seul,
J'ai baisé la fleur solitaire.

Et, comme à travers ces chemins
Où les ronces semblent des mains,
J'allais, interrogeant mon âme,
Je vis passer tout près de moi
Un convoi de pauvre, un convoi
D'une enfant, suivi d'une femme

Bien âgée et pleurant bien fort
(C'était son aïeule peut-être) ;
Avec les porteurs et le mort,
Elle était seule. — Pas de prêtre.

Hélas ! du mort ou du vivant
Lequel a besoin de prière,
De celui qui s'en va devant,
De celui qui s'en va derrière ?

Les hommes noirs pressaient le pas
(Cette bière était si petite),
Et la vieille avec des hélas !
Se hâtait pour aller plus vite :

« Jésus ! Seigneur ! est-ce bien toi,
Est-ce bien toi que l'on emporte ?
C'est donc vrai que ma fille est morte,
C'est fait de moi, c'est fait de moi !

» Mais faut-il être abandonnée !
Une enfant... Comprend-on cela ?
Avant-hier, dans la journée,
Elle jouait... et la voilà !

» Et si câline et si gentille,
O mon trésor, ô mon amour !
Moi qui la grondais l'autre jour !...
O ma chère petite fille !

» Elle allait avoir ses huit ans,
Ces choses-là sont bien étranges...
Pourquoi nous prend-il nos enfants,
Le bon Dieu, puisqu'il a ses anges ? »

» Et toujours plus vite, en montant
(Cette montée est un calvaire),
Les hommes marchaient, et la mère
Toujours suivait en haletant :

» Comme s'il n'en était pas d'autres,
Des petits riches, ceux enfin
Des gens dont le cœur n'a pas faim,
Sans aller nous prendre les nôtres !

» Ah ! je ne t'aimais pas assez !
Tous nos bonheurs sont faits de même ;
Quand on les voit, ils sont passés...
C'est toujours après qu'on les aime.

» Sa mère est morte en la laissant,
Puis c'est mon fils qui l'a suivie,
Et voilà son tour à présent !
C'est par morceaux qu'on perd la vie !

11

» N'est-ce pas de quoi blasphémer?
Quoi ! Dieu vous dit de les aimer,
A les aimer on s'habitue,
Et quand c'est fait, il vous les tue!

» Mais tu ne m'as pas dit adieu!
Mais je te vois encor sourire!
Tu n'es pas morte, on a beau dire,
Ce n'est pas vrai, mon Dieu! mon Dieu! »

Et le convoi tourna l'allée;
Le cœur en sang, les yeux en eau,
La pauvre aïeule désolée
Poursuivit sa course au tombeau.

Et tout me revint en mémoire,
Tout, jusqu'au lourd balancement
De l'horrible voiture noire,
Tout mon passé sombre et dormant.

Je songeai que j'avais, comme elle,
Dit ce poème des sanglots
Dont on peut bien changer les mots,
Mais dont la phrase est éternelle,

Et que trois fois, comme elle aussi,
Accompagnant les miens ici,
J'avais monté cette avenue,
Et que la route m'est connue.

Le premier que je vis mourir
(J'étais trop jeune pour souffrir,
On souffre à l'âge où l'on espère),
Je le pleurai, c'était mon père.

Le deuxième (je le revois),
C'était mon frère cette fois ;
Je l'embrassai, calme et farouche,
Doute au cœur, blasphème à la bouche.

Mais, le jour où Dieu me la prit
(La troisième fois c'était elle,
Elle, ma mère), j'ai souri
Et j'ai dit : « L'âme est immortelle. »

Depuis elle, depuis ce temps,
Je n'ai plus ni pleurs ni colère,
Et je ne souffre plus, — j'espère,
Et je ne doute plus, — j'attends!

LA NEIGE

(BERCEUSE)

Fleurs d'amandier et fleurs de neige,
Jours de décembre et jours d'avril,
Le printemps, quand reviendra-t-il ?
    Hélas ! que sais-je ?

Décembre est noir, avril est clair...
Ma bien-aimée est dans la chambre.
Les papillons volent dans l'air,
Les papillons blancs de décembre

Avril est clair, décembre est noir,
(Oh ! chère enfant, comme je t'aime !)
Qui veut la voir, la neige blême ?
    Qui veut la voir ?

Édredon chaud pour l'avalanche,
Duvet plus fin pour le bas lieu...
La bien-aimée est au milieu
Du lit blanc dans l'alcôve blanche.

Sur le sein nu des prés bombés,
Sur les épaules des collines,
Tombez, flottantes mousselines,
    Tombez ! tombez !

Bonsoir à la source endormie,
Les yeux de glace sont fermés...
Dors, mon amour, allons, dormez
    Ma belle amie.

Le verglas polit les cailloux,
Le givre fait de la dentelle,
La neige lente que fait-elle ?
Ma belle amie, endormez-vous.

Fleurs d'amandier et fleurs de neige,
Jours de décembre et jours d'avril,
Le printemps, quand reviendra-t-il ?
Hélas ! que sais-je ?

A UN SAINT HOMME

A UN SAINT HOMME

I

Voilà qu'il recommence ! — On allait oublier
Cet Arlequin mystique et dévot à lier,
     Et sa double démence ;
Et l'on n'en parlait plus, voulant être poli...
Aussi près de la mort qu'il est près de l'oubli,
     Voilà qu'il recommence !

II

Cet homme est un chrétien, — du moins, il se pourrait,
S'il ne l'écrivait pas, peut-être on le croirait, —
        Et c'est pour un salaire,
Qu'il relève le front, rallume son ardeur ;
Et nous fait rougir tous : les femmes de pudeur,
        Les hommes de colère.

III

Cet homme est un soldat, — il combat pour sa foi :
Combattre étant son but, provoquer est sa loi,
        Il le dit, c'est sa tâche ;
Et, quand on veut le joindre, il plonge dans l'égout,
Et parce qu'à le suivre on sent quelque dégoût,
        Il vous appelle lâche !

IV

Cet homme est un vieillard,—cet âge est sans courroux,
Car le vieillard est bon comme le soir est doux;
      Mais lui s'emporte, il jure,
Il se gonfle, il s'emplit de venin et de vent,
Et lance, pour prouver qu'il est encore vivant,
      Une dernière injure;

V

Il s'essouffle, il écume, il injurie, il mord,
A défaut du vivant, il déterre le mort,
      Sur toute belle chose
Il s'acharne, il trépigne, il en cherche l'envers
Ne pouvant la détruire, il la salit en vers,
      Il la salit en prose.

VI

Bonhomme, calmez-vous.—Vous êtes imprudent;
Votre esprit prend du ventre, et vous manquez de dent
    Pour remâcher vos haines,
Laissez nos dieux : progrès, amour et liberté;
Bonhomme, calmez-vous, — le bouc, en vérité,
    Ne broute pas les chênes!

VII

S'attarder dans la fange, ô vieillard, n'est pas bien
C'est quand on est enfant — ou qu'on le redevient —
    Qu'on s'y traîne et s'y joue :
Un chrétien est clément et ne blasphème point,
Et, quand on est soldat et qu'on a l'arme au poing,
    On ne prend pas la boue.

VIII

Faire rire aux éclats ses amis et les sots,
Insulter tout le monde avec de vilains mots,
        En citant l'Évangile,
Vieillard, je vous le dis, c'est un œuvre malsain...
D'ailleurs n'êtes-vous pas bien jeune pour un saint
        Et bien vieux pour un Gille ?

IX

Je sais bien qu'on vous parle et qu'on vous prêche en vain :
Votre vieille jeunesse est là comme un levain
        Qui fermente et pétille,
Car vous fûtes un jour, comme Paul le Romain,
Renversé, vous aussi, jadis, sur un chemin,
        Celui de la Courtille !

X

Je sais bien que dans l'ombre on vous pousse, on vous suit,
Que vous clignez de l'œil du côté de la nuit ;
     Je soupçonne la rage
De l'insulteur caduc sans être plus bénin,
Et qu'il vous reste encore un vieux fonds de venin
     Très joli pour votre âge ;

X I

Il n'importe, cessez, taisez-vous, croyez-moi !
N'insultez plus au rêve, à l'espoir, à la foi,
     Qui ne sont pas les vôtres ;
Vos colères, c'est vrai, rapportent un bon prix
Mais craignez à la fin votre propre mépris...
     Après celui des autres.

XII

Ne vous indignez plus en vous battant les flancs,
Car, lorsqu'un homme parle, un homme à cheveux blancs,
    Il ne faut pas qu'on rie ;
Répandez sur le sol votre restant de fiel,
Tout en y songeant plus, parlez-nous moins du ciel,
    Bonhomme, on vous en prie.

XIII

Cessez ! ne mettez plus cet orgueil et ce soin
A vous faire appeler La Bruyère du coin,
    Vadé de sacristies ;
Faites cela pour Dieu, pour vous-même, pour nous...
Ah ! gamin enfroqué, quand donc jetterez-vous
    Votre blouse aux orties ?

12

XIV

Plus qu'un mot : s'il vous vient de telles àcretés
Qu'il faille un exutoire à vos sénilités,
    En vrai fils de la balle,
Traduisez de l'hébreu la Genèse en argot,
Ou tâchez de fonder pour le peuple cagot,
    Une chaire — à la halle !

PETITS POÈMES

A UN POÈTE

Laisse-leur dire qu'il est vain
 Qu'il est sans flamme,
Le baiser du couple divin,
 La muse et l'âme;
Laisse-leur railler tour à tour
 L'œuvre insensée
Du rythme qui s'unit d'amour
 A la pensée,
Et ces vers, enfants de la nuit,
 Aux douces fièvres,

Et ces rimes qui font le bruit
Que font deux lèvres;
Jourdain se demande à quoi bon,
Ayant la prose?
L'âne aussi demande au chardon :
Pourquoi la rose ?
Pourquoi des ailes à l'oiseau ?
Dit le reptile...
Va ! cela seul qui n'est pas beau
N'est pas utile;
La muse te veut pour amant?
Cède à son charme,
Taille à loisir ton diamant,
Sourire ou larme ;
Cependant, fuis ce chœur bruyant,
Vois l'alouette :
Elle s'élève en gazouillant;
Suis-la, poète !

LA TERRE

Chantons la terre ! Assez gémi !
L'astre chlorotique et blêmi,
La lune est morte, sa jumelle ;
Vive la terre ! il faut l'aimer,
Et ! qui donc nous doit plus charmer
Que Terra, la ronde mamelle ?

La brume est son voile soyeux,
Ses la s on doux comme des yeux

Et, sur sa gorge de collines,
On voit courir source et ruisseau
S'entre-croisant comme un réseau,
Comme un réseau de veines fines.

Quelle femme a sur ses habits
Plus de perles et de rubis,
Et qui sait mieux, sur ses épaules,
Draper les plis houleux et lourds
De sa verdure de velours,
Ou la blanche hermine des pôles ?

N'importe l'heure ou la saison,
Laquelle a meilleure façon
Parmi celles que l'on renomme,
L'hiver tout autant que l'été,
Quand, bouquet de givre au côté,
Elle attend Avril, — ce jeune homme ?

Elle a le soleil pour amant,
Le soleil blond l'aime ardemment :

Pour lui seul elle ouvre ses voiles,
Quand à l'aube il lui fait sa cour :
La terre est la belle-de-jour
Du grand jardin bleu des étoiles!

Le sein de la terre est béni,
Le néant y fait l'infini,
Et, tranquillement et sans haine,
S'accomplit l'œuvre sérieux,
Dans ce creuset mystérieux
Où germe l'homme avec le chêne.

Mais tout sort meilleur et plus beau
De la matrice du tombeau
(Car, ce qu'on enterre, on le sème),
Tout y reprend vie et couleurs...
Et voilà comme il vient des fleurs
A la place de ceux qu'on aime.

Maîtresse, quand nous serons morts,
On mettra ton corps et mon corps,

Comme on met du grain dans la terre,
Et mon désir et ta beauté
S'uniront dans l'éternité
Et féconderont le mystère ;

Et, de ces doux ensevelis,
Naîtront des roses et des lis,
Et dans d'autres amours encore
Revivront nos amours défunts,
Avec des extases d'aurore
Et des ivresses de parfums !

LA CHANSON DE LA NOURRICE

En me promenant ce matin,
(J'aime la rose et le jasmin,
La rose éclose,)
J'ai rencontré, chemin faisan
Un bel ange du ciel volant.
(J'aime la rose.)

Sa robe était de blanc satin,
(J'aime la rose et le jasmin,

La rose éclose,)
Et ses yeux d'étoiles bien doux :
« Mon bel ange, où donc allez-vous? »
(J'aime la rose.)

« — Madame, je vais mon chemin,
(J'aime la rose et le jasmin,
     La rose éclose,)
» Des enfants petits dans mes bras ;
» Madame, n'en voulez-vous pas?
     (J'aime la rose.)

» Choisissez dans tout mon butin :
(J'aime la rose et le jasmin,
     La rose éclose,)
» J'en ai des bruns, des blonds aussi...
» Voulez-vous pas de celui-ci?
     (J'aime la rose.)

» Il est beau comme un chérubin.
(J'aime la rose et le jasmin,

» La rose éclose,)
» Il est doux comme un jour d'avril...
» Ce petit-là vous convient-il?
             (J'aime la rose.)

» Ses lèvres sont de grenat fin.
(J'aime la rose et le jasmin,
             La rose éclose,)
» Il est tout blond comme le miel,
» Il a. les yeux couleur du ciel.
             (J'aime la rose.)

» Voyez son pied, voyez sa main.
(J'aime la rose et le jasmin,
             La rose éclose,)
» Madame, c'est un petit roi... »
« — Mon bel ange, donnez-le-moi !
             (J'aime la rose.)

» Je le mettrai dedans mon sein,
(J'aime la rose et le jasmin,

La rose éclose,)
» Dedans mon sein bien enfermé ;
» J'en veux faire mon bien-aimé. »
(J'aime la rose.)

« — Mettez-le donc en votre sein.
(J'aime la rose et le jasmin,
La rose éclose,)
» Emportez-le dans la maison,
» Car le bon Dieu vous en fait don. »
(J'aime la rose.)

ORGUEIL

Mon indomptable orgueil est l'arme de ma vie,
La pierre de mon œuvre et l'ancre de ma foi;
Il est plus fort qu'un roc et plus puissant qu'un roi,
Et trop dur pour le temps et trop haut pour l'envie;

Je ne reconnais pas d'autre loi que sa loi :
La douleur peut frapper, c'est moi qui l'en convie !
J'irai, — sans que jamais d'un seul pas je dévie —
Je veux ce que je veux et je m'appelle Moi !

C'est en vain que la haine attendrait pour salaire
Un mot de ma faiblesse, un cri de ma colère,
Ce qui part de si bas n'a pas un si haut prix ;

Des sommets où je suis, c'est un bruit dans l'espace :
J'entends et je souris, je me tais et je passe ;
Mon rire a nom dédain ; mon silence, mépris.

L'HIRONDELLE

Oui, madame, je vois que vous êtes très belle.
Madame, regardez là-haut cette hirondelle:
Pour la grâce du vol, c'est un oiseau sans pair.
N'est-elle pas jolie, alors que d'un coup d'aile,

Dans les rayures d'ombre et dans le soleil clair,
Elle passe en criant, vive comme un éclair,
La faucheuse d'azur? et dirait-on pas d'elle
La navette de jais d'un tisserand de l'air?

13

Votre œil aime à la suivre où son vol s'évertue;
Vous croyez qu'elle joue? Hélas ! non, elle tue !
Sa souplesse est un piège et son charme un moyen !

Dieu la fit pour séduire et pour tuer ensemble...
Sauriez-vous d'aventure à qui l'oiseau ressemble ?...
Moi, je ne le sais pas, si vous n'en savez rien.

LE JARDIN

A Ernest Legouvé.

Je passais, — j'entendis, de la route poudreuse,
Que derrière le mur on riait aux éclats,
Et je poussai la porte. — A travers les lilas,
Voici ce que je vis dans la maison heureuse :

Un tout petit enfant essayait au jardin,
Au doux enchantement de sa mère ravie,
Dans le parterre en fleur et sur le gazon fin,
Ses pas, les premiers pas qu'il eût faits de sa vie.

Cher amour! il allait tout tremblant, il allait,
Avançant au hasard son pied mignon et frêle,
Hésitant et penché, si faible, qu'il semblait
Que le papillon dût le renverser de l'aile.

Impatient pourtant, égratignant le sol
De son pas inquiet, avec l'ardeur étrange
Et les trémoussements d'oiseau qui prend son vol...
Dans les petits enfants il reste encor de l'ange.

Et lui, se pâmant d'aise en ce monde inconnu,
Suivait l'oiseau qui vole ou parlait à la rose,
Et, tout en gazouillant quelque charmante chose,
Ouvrait toujours plus grand son grand œil ingénu;

Et l'on voyait alors les splendeurs de l'espace,
Et les candeurs du ciel et les gaîtés de l'air,
Et luire ce qui luit et passer ce qui passe
Dans le tout petit ciel de cet œil pur et clair.

Parfois il s'arrêtait, tournait un peu la tête
Vers sa mère orgueilleuse et toute à l'admirer,
Et repartait avec de grands rires de fête,
Ces rires si joyeux qu'ils vous en font pleurer.

Oh ! la mère, elle était à ne pouvoir décrire
Avec son geste avide, anxieux, étonné
Et de tout son amour couvant son nouveau-né,
Et marchant de son pas et riant de son rire.

Elle tenait ses bras étendus vers l'enfant
Ainsi qu'on tend les bras vers le fruit que l'on cueille.
Le défendant de mal comme un rosier défend
Le bouton de sa rose avec ses mains de feuille.

Elle suivait ainsi, courbée et pas à pas,
Regardant par instants, dans un muet délire,
Un homme assis plus loin et qui feignait de lire
Et souriait, — croyant qu'on ne le voyait pas.

Peut-être le mari, mais à coup sûr le père,
Qui tâchait de porter l'ivresse dignement,
Et dont les doux regards allaient furtivement
De la mère à l'enfant, de l'enfant à la mère.

Et, par ce beau soleil, flottait sur tout cela
Je ne sais quoi d'ému que le printemps apporte;
J'entendis le Bonheur murmurer : « Je suis là... »
Et je sortis rêveur — en fermant bien la porte.

LE CHÊNE

A *Jules Claretie.*

Sur la falaise, tout là-bas,
Et si haut qu'on ne le voit pas
Tout là-bas où finit la terre,
Cabré sur l'abîme, effaré,
Tordant ses bras, désespéré,
Un vieux chêne est là, solitaire,

Comme une hydre au flanc du granit;
Là-bas où la terre finit,

Là-bas où l'infini commence :
La plaine rase autour de lui,
En haut le ciel où rien ne luit,
En bas, la mer, la mer immense.

Il est rouillé comme du fer ;
Accroupi sous le vent de mer,
Il geint avec de sourds murmures ;
Il geint les nuits, il geint les jours,
Toujours dans ses branches, toujours
On entend comme un bruit d'armures.

Toujours il lutte et se débat.
L'ouragan l'insulte et le bat,
Les flots lui jettent de l'écume,
La trombe l'a pris pour plastron,
Et la foudre, ce forgeron,
Le martèle comme une enclume.

Échevelé, perdu, honni,
C'est le bouffon de l'infini,

On en rit là-haut, dans l'espace ;
Le hasard qui l'a fait cela
Ne sait plus même qu'il est là...
On se le passe et le repasse.

Les autres arbres sont heureux :
Ils peuvent chuchoter entre eux
Et dire les secrets de l'ombre,
Ils ont le nid, et son baiser ;
Lui, n'a pas d'oiseau pour causer,
Il est tout seul ce lutteur sombre ;

Jamais ni jeu ni passe-temps !
A peine s'il voit par instants
Dans la brume, nuit sans étoiles,
Passer les voiles sur la mer,
Ou bien les goélands dans l'air,
D'une autre mer ces autres voiles.

Le doux printemps où Dieu sourit,
L'été clair où le ciel fleurit,

L'automne où, comme une ingénue,
Qui se dévêt en rougissant,
La terre rougit, en pensant
Que l'hiver vient qui la met nue,

Il n'a ni trêve ni repos ;
La bise fait craquer ses os
L'hiver aussi bien que l'automne ;
Et le printemps comme l'été,
Il poursuit dans l'éternité
Sa lutte folle et monotone.

Il est là, le vieux combattant,
Toujours debout, toujours luttant ;
On le martyrise, on l'assomme,
Il est toujours là, malgré tout,
Toujours luttant, toujours debout...
Ah ! ce chêne ! — on dirait un homme !

L'IMMORTELLE

L'IMMORTELLE

A Paul de Saint-Victor.

Lorsque le premier homme à sa première aurore,
Au sein du monde immense et vierge comme lui,
Promenait vaguement, pensif et seul encore,
La curiosité de son divin ennui,

Les mots venaient éclore à sa lèvre étonnée
A chaque enchantement du spectacle infini,
Comme vient la chanson éclore au bord du nid :
A l'heure qu'il naissait la parole était née.

Mais, lorsque s'éveillant de son autre sommeil,
Il vit, plus belle encore que l'aurore première,
Ève nue et debout dans la grande lumière,
Comme un astre vivant, adorable et vermeil ;

Il étendit les bras vers sa maîtresse blonde,
Et. jusqu'à son désir inclinant sa beauté,
Sachant bien que l'amour lui coûterait le monde,
Du remords éternel il fit la volupté ;

Et dans le doux transport dont l'âme était saisie,
Et dans le dur sanglot qui s'y venait briser,
Tu naquis à ton tour, ô jeune poésie,
De la première larme et du premier baiser !...

Non tu ne mourras pas, langue à jamais sacrée,
Car l'avenir et toi, dans le même moment,
Vous êtes nés tous deux du même embrassement,
Et ce monde est vivant pour qui tu fus créée.

Et ce monde immuable à l'âme d'autrefois ;
Il est comme il était, misérable et superbe,
Au jour où tu chantas pour la première fois,
Quand la chair se fit âme et l'âme se fit verbe.

Il ouvre encor sur lui des yeux de nouveau-né,
Et pour asseoir son rêve il cherche encor sa base ;
Hélas ! il aime encore et n'est point pardonné,
Et le mal germe encore au fond de son extase.

Il est aussi perplexe, aussi seul, aussi nu,
Aussi désespéré comme aussi ravi d'être ;
Il veut toujours savoir ce qu'il ne peut connaître
Et regrette toujours ce qu'il n'a pas connu.

Et c'est aussi pourquoi tu dois être immortelle
Autant que la douleur, autant que le plaisir,
Toi qui poursuis toujours, sans les jamais saisir,
Les sons doux comme lui, les mots profonds comme elle.

O poésie ailée et qui nous vient du ciel,
Voix du rêve qui, seul, nous soutient et nous mène,
Harmonieux écho de l'espérance humaine,
Doux parler qui se fait comme se fait le miel!

Je m'élève plus haut quand ton souffle m'élève,
Mon vol est plus rapide et son sillon plus droit...
Non! rien n'est aussi sûr que ce que l'âme croit,
Non! rien ne va si loin que ce que l'âme rêve!

Non! et tant que le Sphinx ne voudra pas donner
Le mot de cette énigme insoluble de l'Être,
Que l'homme, qui parfois se lasse de connaître,
Ne se lassera pas de vouloir deviner;

Tant qu'il ressentira, sans la pouvoir décrire,
L'inquiète fureur de l'inapaisement;
Qu'une larme sera le plus beau diamant
De cet écrin de l'âme où manque le sourire;

Tant qu'il revêtira son désir le plus cher,
Sa plus ardente foi, sa plus sainte pensée,
De la plus belle forme et la plus caressée,
Comme on aime à vêtir les enfants de sa chair;

Tant qu'il appellera du haut de sa souffrance
L'invisible inconnu qui ne veut pas venir,
Que, lassé du présent, il aura l'espérance,
Comme, las de l'espoir, il a le souvenir;

Qu'il n'aura pas brisé l'étau de ce dilemme
Dont les tenailles sont la douleur et l'amour,
Qu'en son âme anxieuse il dira tour à tour :
« Je souffre, donc je doute, et je crois, puisque j'aime : »

Tant que demain rira des rêves d'aujourd'hui,
Tant qu'aujourd'hui rira des rêves de la veille,
Que l'homme sera jeune et la science vieille,
Que le ver de la tombe en saura plus que lui :

14

Aussi longtemps qu'heureux il se croira coupable,
Que, sorti du néant, il s'en verra suivi,
L'homme te parlera, langue de l'impalpable
Langue de l'impalpable et de l'inassouvi!

FIN

TABLE

TABLE

TABLE 215

IMPRIMERIE CHAIX, RUE BERGÈRE, 20, PARIS. — 3752-2-8.

www.ingramcontent.com/pod-product-compliance
Lightning Source LLC
Chambersburg PA
CBHW060024100426

42740CB00010B/1578